1% 리더만 아는
유머 학습법

1% 리더만 아는 유머 학습법

초판 1쇄 인쇄 2019년 3월 25일
초판 1쇄 발행 2019년 3월 29일

지은이 임붕영
펴낸이 박수길
펴낸곳 (주) 도서출판 미래지식
편집 정민규
표지 디자인 플러스

주소 경기도 고양시 덕양구 통일로 140 삼송테크노밸리 A동 3층 333호
전화 02)389-0152
팩스 02)389-0156
홈페이지 www.miraejisig.co.kr
전자우편 miraejisig@naver.com
등록번호 제 2018-000205호

* 이 책의 판권은 미래지식에 있습니다.
* 값은 표지 뒷면에 표기되어 있습니다.
* 잘못된 책은 구입하신 서점에서 바꾸어 드립니다.

ISBN 979-11-965989-4-5 (03320)

이 도서의 국립중앙도서관 출판예정도서목록(CIP)은 서지정보유통지원시스템 홈페이지(http://seoji.nl.go.kr)와
국가자료종합목록시스템(http://www.nl.go.kr/kolisnet)에서 이용하실 수 있습니다.
(CIP제어번호 : CIP2019007627)

* 미래지식은 좋은 원고와 책에 관한 빛나는 아이디어를 기다립니다.
  이메일(miraejisig@naver.com)로 간단한 개요와 연락처 등을 보내주시면
  정성껏 고견을 참고하겠습니다. 많은 응모바랍니다.

1% 리더만 아는
유머 학습법

임붕영 지음

미래지식

머리말

4차 산업혁명 시대를 맞이하여 우리 사회는 앞으로 없어질 직업과 새로 나올 직업에 대해서만 불안해하고 걱정하고 있습니다. 많은 일자리를 잃을 것이라고 우려하고 있습니다. 하지만 어떤 역량이 필요한지에 대해서는 걱정하지 않는 듯합니다. 필자는 4차 산업혁명 시대는 일자리를 빼앗아 가는 시대가 아니라, 오히려 더 새로운 지적인 능력과 역량을 요구하는 시대라고 봅니다. 어떤 직업이 없어지고 어떤 직업이 생겨나는가보다 더 중요한 것은 4차 산업혁명 시대에 어떤 역량이 요구되고 있는가를 살펴보아야 한다는 점입니다. 그리고 각 분야에서 그런 역량을 키워 나가는 것이 진정한 4차 산업혁명 시대에 살아남고 성과를 내는 길이라고 생각합니다.

필자가 이 책에서 인공지능(AI)이 넘볼 수 없는 역량과 그런 정서적인 역량을 가져야 한다고 주장하는 이유가 여기에 있습니다. 흔히 의사라는 직업은 사라져도 간호사는 사라지지 않는다고 말합니다. 의사는 진단하고 처방하는 직업이기 때문에 AI가 대체할 수 있습니다. 하지만 간호사는 돌보고 스킨십을 하고 위로를 해 주고 정서적인 터치를 하는 직업이기 때문에 오히려 더 각광받는 직업이 될 수 있다는 겁니다. 그러기에 어느 시대보다 더 유연함과 소통과 공감, 정서적인 감성 역량이 요구되고 있습니다.

필자가 주장하는 유머란 지식보다 강하고 인공지능이 넘볼 수 없는 그런 역량을 의미합니다. 단지 웃기는 말재주를 의미하는 게 아닙니다. 또한 그동안의 심리학자들의 연구를 종합해 보면 유머 감각이 뛰어난 사람이 정서적으로 안정되어 있고 훌륭한 리더십을 발휘할 수 있다고 합니다. 4차 산업혁명 시대를 맞이해서 인공지능이 넘볼 수 없는 유머 감각을 갖는 것이야말로 경쟁력이고 능력이 아닐 수 없습니다. 그래서 독자들 모두가 CEO로 거듭나기를 바랍니다. 여기서 CEO란 소통(Communication)과 공감(Empathy)이 제대로 이루어져서 모든 일이 OK 상태에 이르게 하는 사람을 일컫습니다. 소통과 공감을 가능하게 만드는 것 중에서 유머야말로 일등공신이라고 봅니다. 유머 감각을 길러서 좀 더 소통을 부드럽게 하고 개인적 친분 관계든 비즈니스든 원활한 공감을 이루어 나갈 때 우리가 원하는 모든 일을 오케이 상태로 만들 수가 있습니다.

테니스로 세계에 이름을 날린 정현 선수는 테니스를 잘 치는 것보다 인터뷰할 때 뛰어난 유머 솜씨로 인기를 끌었습니다. 블랙홀 이론 등 유명한 업적을 남기고 세상을 떠난 스티븐 호킹 박사는 50년 넘게 휠체어에 앉아 있었지만 그는 유머 감각을 잃지 않는 탁월한 학자였다고 언론은 극찬하고 있습니다.

필자는 기업체에 나가 특강을 할 때마다 이런 질문을 받습니다. "당신은 유머가 무엇이라고 생각합니까?" 저는 이 질문을 받을 때마다 이렇게 이야기합니다. "유머란 한 방울의 참기름이다." 아무리 맛있는 식재료가 있고, 또 일류 주방장의 솜씨를 갖고 있다 하더라도 비빔밥에 참기름이 한 방울 들어가지 않으면 그 특유의 맛을 낼 수가 없습니다. 우리가 몸담고 있는 조직은 전국 각지 각기 다른 환경에서 서로 다른 개성과 능력을 갖고 있는 수많은 사람들이 모여 있는 곳입니다.

이들의 능력과 스펙이 아무리 출중하다 하더라도 이들을 하나로 묶어 주고 원하는 성과를 낼 수 있게 만들어 주는 것은 바로 한 방울의 참기름인 유머입니다. 한 방울의 참기름이 각기 다른 식재료와 어우러져 비빔밥 특유의 맛을 내듯이, 유머야말로 그 자체가 관계의 윤활유이고 친화력이며 리더십이기 때문입니다.

미래가 불확실하고 불안하며 경쟁과 피로에 지친 시대를 살아가면서 지혜를 발휘해 더 성공하고, 더 행복해지기를 원한다면 유머를 배우기를 바랍니다. 그리고 유머를 나누는 사회를 만들어 가기를 바랍니다. 그럼 분명 어느덧 더 행복하고 더 부드러운 세상에 살고 있음을 발견하게 될 것입니다.

아무쪼록 이 책을 통해서 지식보다 더 경쟁력 있고 인공지능보다 더 부드럽고 섬세한 유머 감각을 갖는 독자로 거듭나기를 바랍니다.

차례

머리말 4

1장
유머지능을 높여 주는 유머학 콘서트 9

2장
가정을 위한 유머 27

3장
리더십 향상을 위한 유머 59

4장
소통을 향상시키는 유머 87

5장
비즈니스를 위한 유머 121

6장
변화 관리를 위한 유머 149

7장
행복을 불러오는 유머 183

참고문헌 213

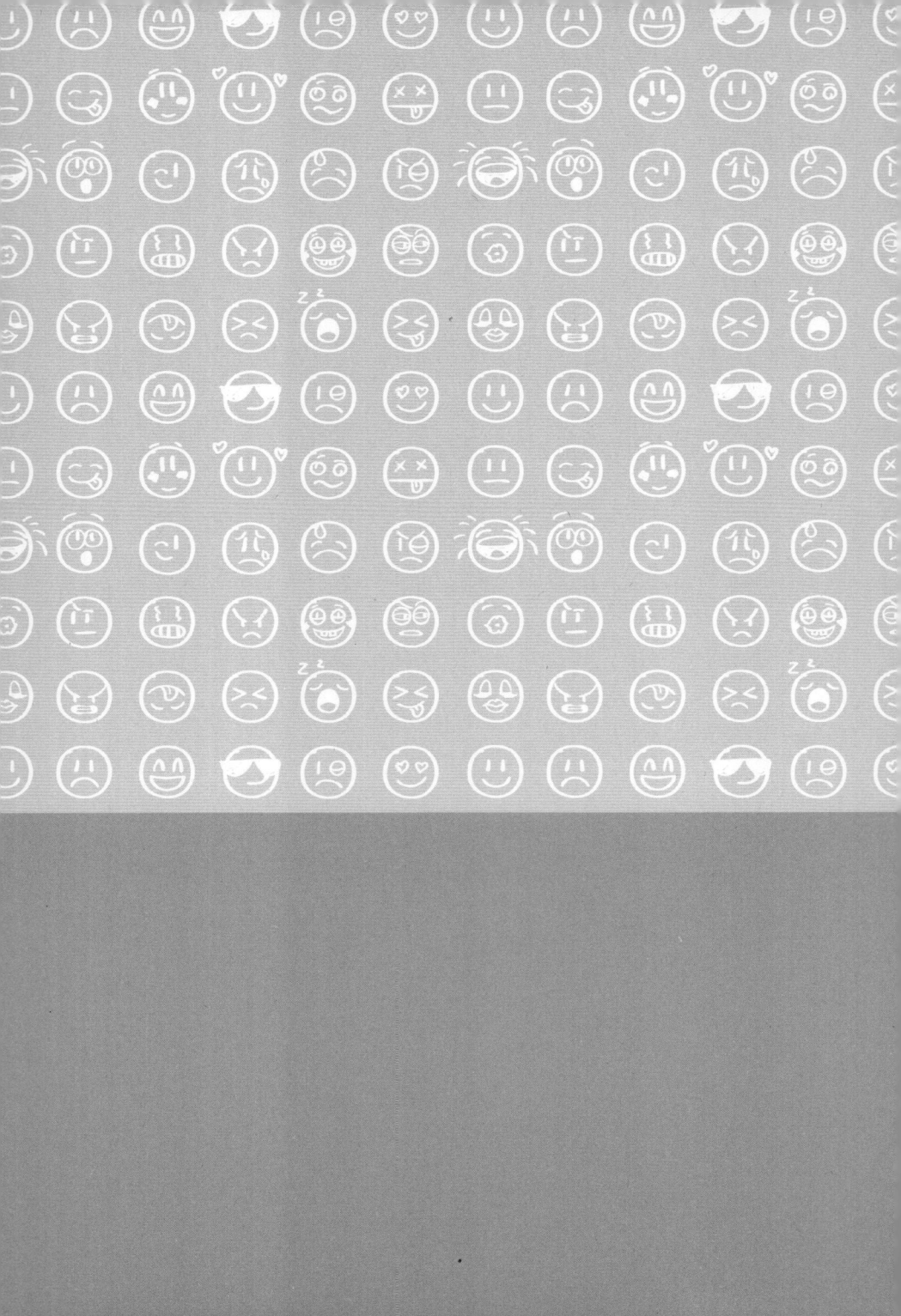

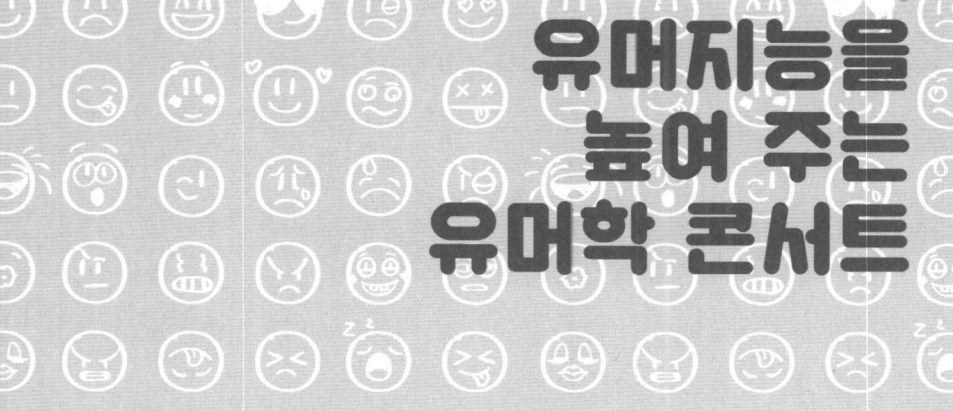

1장
유머지능을 높여 주는 유머학 콘서트

유머 감각 없는 사람은 스프링 없는 마차와 같다.
길 위 모든 조약돌에 부딪칠 때마다 삐걱거린다.
— 헨리 워드 비처

유머지능을 높여 주는
유머학 콘서트

리더는 힘(HIM)을 길러야 합니다. 그러면 4차 산업혁명 시대의 리더가 갖추어야 될 힘(HIM)은 어떤 힘이어야 할까요? 감성적이고 부드러우며 정서적으로 사람들을 리드하고 설득할 수 있는 힘이어야 합니다. 그래서 리더가 갖추어야 할 HIM은 '유머(Humor)가 있어서 임팩트(Impact) 있게 메시지(Message)를 전달할 수 있는 능력'을 말합니다. 리더란 지식이 뛰어난 사람이 아니라, 정서적으로 감성이 풍부하고, 부하들과 주변 사람들과 공감 능력이 뛰어나며, 비전을 제시하는 사람이어야 합니다. 따라서 4차 산업혁명 시대의 리더는 지식을 공부하기 이전에 유머를 학습하는 리더가 되어야 합니다.

리더의 유머 한 마디가 기업의 조직 문화와 회의 문화를 바꾸고, 직원들에게 동기를 부여하는 힘이 될 수 있기 때문입니다. 리더가 딱딱할수록 조직은 더 굳어져 가고, 직원들의 충성심은 바닥을 치게 됩니다. 어떠한 시스템이나 문화보다 더 훌륭한 것은 리더의 유머 감각이라는 것이 조직문화 연구자들에 의해서 밝혀지고 있습니다.

백악관에는 있는데 청와대에는 없는 것은? '유머 비서관'입니다. 하버드대학에는 있는데 서울대에는 없는 것은? '유머 강좌'입니다. 하버드대학을 비롯한 유수의 대학들은 위트와 유머 교과목을 신설하여 부드러운 감성 리더십을 키워 나가고 있습니다. 유머가 창의성이고 상상력이고 미래를 열어 가는 행복의 창이라고 보기 때문입니다. 또한 유머가 리더십의 핵심 조건이라는 것을 의미합니다.

유대인들이 가정이나 직장에서 그러하듯이 유머를 서로 심어 주는 훈련이 필요합니다. 유머 감각을 통해서 뇌를 부드럽고 말랑말랑하게 할 수 있으며, 창의적이고 혁신적으로 만들 수 있기 때문입니다.

유머 감각은 또한 지적 능력을 향상시키는 좋은 자기 학습이기도 합니다. "내가 오늘 이 자리에 설 수 있었던 것은 유머 덕분입니다." 아인슈타인이 노벨상을 받는 자리에서 말한 수상 소감입니다. "웃음은 기호품이 아니라 주식입니다." 탈무드에 나오는 말입니다. 0.2%밖에 안 되는 인구로 노벨상의 30%를 휩쓴 유대인! 그들은 왜 영재교육에 유머 교육을 시킬까요. 교육자라면 깊이 숙고해 볼 필요가 있습니다. 그래서 요즘 혁신적인 교사들이 유머 교수법을 배워 창의·혁신 교육을 열어 가고 있는 거 아닐까요. 천재들의 공통점은 유머가 뛰어나고 그 유머가 유모 역할을 했다는 연구 결과가 설득력을 높여 줍니다. 유머는 정신적으로는 유모이고, 육체적으로는 워머(warmer)입니다.

Hopma(호프마)란 히브리어인데 '유머와 지혜'를 동시에 의미한다고 합니다. 1년에 한 번 정도 조직에 호프마 데이(Hopma Day)를 개최하여 인성과 지성을 열어 주는 장을 마련해 보면 어떨까요.

유머지능이 이기는 시대

4차 산업혁명 시대 경쟁력은 무엇인가. 알파고가 이길 수 없는 임팩트 있는 기술을 갖는 것입니다. 감성 분야에서 유머 지능이야말로 알파고가 이길 수 없는 인간만이 가질 수 있는 지적인 능력입니다. 특히 유머 지능을 통하여 불확실하고 불투명한 오늘날의 위기를 극복하고 합리적인 의사결정을 내릴 수 있는 대안이 요구되고 있습니다.

밥 돌 상원의원은 『대통령의 위트』라는 책을 통해서 미국 대통령의 리더십과 유머 지능을 분석했습니다. 그 결과 대통령의 리더십과 유머 지능은 비례한다는 결론을 내렸습니다. 성공하는 리더에게 필요한 역량은 학력이나 지식이 아니라 부드러움과 공감 능력을 갖출 수 있는 유머 지능이라고 볼 수 있습니다. 리더의 유머 학습이야말로 조직을 부드럽게 만들고 감성 역량을 키워나가는 4차 산업혁명 시대의 경쟁력이라 할 수 있습니다.

똑똑한 리더는 지식이 많지만, 유능한 리더는 감성역량이 뛰어납니다. 감성역량 중에 백미는 유머라 할 수 있습니다. 유머가 친화력을 높이고 조직을 부드럽게 만들며 창의성을 자극한다는 것은 이미 연구 결과로 밝혀진 사실입니다. 요즘처럼 세대별, 연령별, 성별로 여러 가지 특성을 보이고 혼족이 등장한 시대에 이처럼 다양한 구성원들을 하나로 만들어 이끌어 나가기 위해서는 과거와 차원이 다른 리더십이 요구되고 있습니다. 이들을 하나로 묶어 좋은 성과를 내기 위해서는 유머 경쟁력이 요구되고 있습니다.

『살며 사랑하며 배우며』의 저자로서 세계적인 베스트셀러 작가인 레오 버스카글리아는 이렇게 말합니다. "지금 우리 사회에 유머가 부족한 게 제일 무섭다." 웃음 없는 사회, 이것이 바로 암흑사회 아닐까요. 부와 명예와 권력을 다 누리고 있다 한들 그의 입가에 미소가 없고 그의 가슴속에 유머가 없다면 그 사람이 누구를 감동시키고 누구를 행복하게 하고 누구와 공감하겠습니까? 우리에게는 더 많은 지식이나 더 많은 부와 명예, 권력이 필요한 것이 아닙니다. 오늘 우리에게는 서로 마주 보고 공감하고 웃을 수 있는 유머 감각이 필요합니다.

그래서 심리학자 프로이트는 이렇게 말했나 봅니다. "유머란 인간만이 가질 수 있는 가장 고상한 능력이다." 유머 감각이 뛰어날수록 고차원적인 사고를 하는 전두엽이 더 많이 활성화되고 감성이 풍부하고 누군가와 더 많이 베풀고 교류할 수 있습니다.

어느 가정에 남편이 '명태' 당해서 동태 상태로 집에 왔습니다.

우울한 모습으로 집에 들어오는 남편을 보고 아내가 반갑게 맞이했습니다.
"당신 직장 그만뒀다면서! 천만다행이야. 얼마나 잘된 일인지 몰라."
남편은 놀라면서 물었습니다.
"지금 나 갖고 놀리는 거야?"
이에 아내가 안아 주면서 말했습니다.
"이제 당신은 직장암에 걸릴 일이 없잖아!"

직장에서 잘려 앞길이 보이지 않는 남편에게 위로하는 부인의 한 마디. "직장을 그만둬 이제는 직장암에 걸릴 일이 없으니 얼마나 행복한 거야." 이런 위트 있는 유머 감각이야말로 가정과 조직을 살리고 인간관계를 부드럽게 하는 윤활유가 아닐 수 없습니다.

진정한 나로서 단순하게 살아라

프로이트, 칼 융과 더불어 심리학의 3대 거장으로 불리는 아들러가 있습니다. 아들러는 이렇게 주장합니다. "현재가 과거를 결정한다." 앞선 두 사람의 심리학은 과거의 행위가 현재를 결정한다고 했는데 아들러는 그 반대를 주장합니다. 즉 프로이트는 어떤 원인에 의해서 결과가 생긴다는 원인론을 주장했고, 아들러는 어떤 목적을 갖느냐에 따라 모든 게 달라진다는 목적론을 주장했습니다.

과거에 실패하고 성적이 낮고 설사 꼴찌를 했다 하더라도 그것이 오늘을 결정하는 원인이 아니라, 오늘 내가 그런 과거를 어떻게 해석하고 긍정적으로 받아들이고 어떤 목적을 갖느냐에 따라서 과거도 달라진다는 겁니다. 그래서 아들러 심리학을 사용 심리학이라고 부릅니다. 역경이 아니라 역량에 집중해야 역사가 만들어집니다. 우리 안에 버려야 할 잡견이라는 두 마리의 개가 있습니다. '편견과 선입견'입니다. 그래야 예쁜 식견을 기를 수 있습니다. 트라우마를 버리게 도와

주어야 합니다. 리더는 뱃사공이 되어야 합니다. '배려, 사랑, 공감'을 통해서 과거가 아닌 목표에 집중하게 만들어야 합니다. 에스키모인들의 속담에 이런 말이 있습니다. "과거는 타버린 재요. 미래는 나무다. 현재만이 타오르는 불꽃이다." 오늘의 불꽃이 과거와 미래를 밝힌다는 것이 아들러 심리학의 핵심입니다.

아인슈타인 박사가 화장실에 가면서 연구실 문 앞에 이런 쪽지를 붙여 놓았습니다. "잠깐 자리를 비웁니다. 곧 돌아옵니다." 화장실에 다녀온 아인슈타인은 자기 연구실에 붙어 있는 이 쪽지를 보고 계속 기다리고 있었습니다. 이런 아인슈타인 박사를 보는 견해는 두 가지가 있습니다. 일반인들은 천재도 건망증이 있다는 의미로 해석하고, 심리학자들은 몰입을 강조합니다. 몰입하면 하찮은 것은 잊어버리게 된다는 것이지요. 그리하여 놀라운 성과를 만들어 낼 수 있다고 합니다. 누구나 이 섬에 가면 성공할 수 있습니다. 어느 섬일까요? '몰입도'입니다. 몰입도를 높일 수 있는 방법을 찾아야 합니다. 일하는 방법을 모르는 것이 아니라 몰입하는 방법을 모르기 때문입니다. 플로(Flow)의 창시자인 미하이 칙센트미하이 교수는 이런 결론을 내렸습니다. 중요한 것은 일을 하느냐, 놀이를 하느냐, 공부를 하느냐가 아니라 어느 만큼 몰입해 있느냐이다. 그런데 몰입의 전제는 불필요한 것을 잊어야 한다는 겁니다. 무엇을 잊어야 할까요? 기억하는 것, 그것마저 잊어야 하지 않을까요.

어떤 애가 하늘을 보고 있었습니다.
같이 있던 친구들도 무얼 보고 있나 궁금해서 하늘을 보았습니다.
그 모습을 본 옆에 있는 친구도 같이 하늘을 바라보았습니다.
그러자 그곳에 있던 모든 친구들이 하늘을 동시에 바라보았습니다.
하지만 하늘에는 아무것도 없었습니다.
한 친구가 물었습니다.

"도대체 뭘 보고 있는 거야?"

그러자 그 애가 웃으면서 이렇게 말했습니다.

"이 자식아, 코피 나잖아!"

무조건 대책 없이 남을 따라 하면 이런 허망한 꼴을 보게 됩니다. 경쟁이 치열하다 보니 남과 비교하게 되고 자신의 길을 잃는 사람들이 많습니다. 나로 살지 못하고 남의 이름으로 살아가는 사람이 너무나 많습니다. 왜 비교의 덫에서 벗어나지 못할까요. 왜 내 이름으로 살지 못할까요. "네가 찾는 것이 너를 찾고 있다."고 시인 루미(Rumi)는 말합니다. 무엇을 찾아야 할지 진지하게 고민해야 합니다.

요즘 사람들은 '카페인'에 중독되어 있어 더 큰 문제입니다. '카톡, 페이스북, 인스타그램'에서 눈을 떼지 못한 채 길을 잃고 있습니다. '카페인'에서 남과 비교하고, 겉보기 좋은 것만 쫓아다니며, 결국 자기의 본질을 잃고 방황하고 있습니다. '카페인' 대신에 '뚝배기' 맛에 중독되도록 만들어 주면 어떨까요. '뚝심 있고 배짱 있고 기운 차게' 도전하여 자기 길을 찾아야 합니다. 뚝배기에 혼을 담을 수 있도록 리드해야 합니다.

역발상과 최선을 조합하라

때로는 단순한 역발상이 필요합니다. 역발상이 없으면 역발산하기 때문입니다. 오줌이 코로 발산된다면 이 얼마나 끔찍한 일일까요. 역발산을 조심해야 합니다. 역발상의 통찰력이 필요한 거 아닐까요. 그러니 우선 단순하게 정리하는 사고가 필요합니다. 그래서 레오나르도 다빈치는 이런 명언을 남겼습니다. "단순함이 최고의 정교함이다." 남과 비교하지 말고 내 이름으로, 나로서 내 인생을 살아가는 지혜가 필요합니다.

어떤 사람이 인기가 있고 성공할 수 있을까요. 바로 이런 사람들입니다.

안주하는 사람보다 완주하는 사람
포옹하는 사람보다 포용하는 사람
여우 같은 사람보다 여유 있는 사람
정력보다 정열을 내세우는 사람
나체보다 니체를 감상하는 사람
밝히는 사람보다 밝은 사람
때가 있는 사람보다 때를 아는 사람
색기 있는 사람보다 색깔 있는 사람
끔찍한 사람보다 깜찍한 사람
품격 있는 사람보다 품격 있는 사람

그럼, 어떤 리더가 인기 있고 존경받을까요. 바로 이런 리더 아닐까요.

껌을 주는 리더보다 꿈을 주는 리더
혼내는 리더보다 혼을 심어 주는 리더
호통 치는 리더보다 소통하는 리더
명예를 탐하는 리더보다 멍에를 지는 리더
공짜 얘기보다 공자 얘기 들려주는 리더
실망을 주는 리더보다 신망을 주는 리더
인사받는 리더보다 인상 좋은 리더
냉정한 리더보다 인정 넘치는 리더
엄한 리더보다 엄마 같은 리더

경력보다 경험을 들려주는 리더

이런 리더가 되기 위해서는 자기 수양, 역지사지, 애기애타(愛己愛他)의 철학이 필요합니다. 필자는 '최선철학'을 실천하기 위해 노력합니다. 최선은 절대 배신하지 않기 때문입니다. 최선의 진리를 역사적으로 다음과 같이 증명할 수 있습니다. 이것이 최선의 법칙, 원리, 섭리 아닐까요.

"최선을 다하는 사람의 시계는 안 하는 사람의 시계보다 빨리 간다." - 아인슈타인
"너 최선을 알라." - 소크라테스
"왔노라, 보았노라, 최선을 다했노라." - 카이사르
"나는 최선을 다한다. 고로 존재한다." - 데카르트
"내일 지구의 종말이 올지라도 나는 오늘 최선을 다하겠다." - 스피노자
"아침에 일어나서 최선을 다하면 저녁에 죽어도 여한이 없다." - 공자
"최선을 다하면 살고, 최선을 다하지 않으면 죽는다." - 이승만
"최선을 다 하느냐, 안 하느냐, 그것이 문제로다." - 셰익스피어
"인간은 최선을 다하는 갈대와 같다." - 파스칼
"나는 최선을 다하기 위하여 역사적인 사명을 띠고 이 땅에 태어났다." - 교육헌장

최선을 다하면 최고의 선의 경지에 이를 수 있습니다. 아리스토텔레스는 이를 행복이라 말했습니다. 그러니 무슨 일을 하든 최선을 다하는 것이 행복 아닐까요. 무슨 일을 하든 최선을 다하되 명확해야 합니다. 명확하게, 정확하게, 확실하게 '명정확' 개념을 갖추어야 성과를 낼 수 있습니다. 똑똑한 척하는 사람들 중에 의외로 핵심이 결여된 사람들이 있습니다. 그들이 우기는 대표적인 사례들입니다.

으악새가 새라고 우기는 사람

아기 돼지 삼형제를 돼지고기 삼형제로 알고 있는 사람

아이티 공화국이 IT 기술이 뛰어난 나라라고 우기는 전문가

허장강을 강이라고 우기는 아이

태종대를 대학이라고 우기는 학생

구제역이 양재역 다음이라고 우기는 아줌마

의사 콜레라는 의사들이 걸리는 콜레라라고 우기는 환자

탑골공원과 파고다공원이 다르다고 우기는 사람

비자카드 받아 놓고 미국 비자 받았다고 우기는 유학생

킹콩이 가장 큰 콩(Bean)이라며 영어 실력 뽐내는 아이

모두가 뇌 탓이다

손자를 데리고 자던 어떤 할아버지가 있었습니다.

어느 날, 잠결에 무엇인가 딱딱한 게 손에 잡혀 깼습니다.

오랜만에 나타난 현상에 할아버지는 손자를 깨우면서 말했습니다.

"어서 가서 할머니 좀 오시라고 해라."

그랬더니 손자가 졸린 목소리로 말했습니다.

"할아버지, 왜 제 고추를 만지세요!"

내 탓이 아니고 네 탓도 아니고 뇌 탓입니다. 욕망이 과하면 뇌 기능을 잃게 된다는 연구가 있습니다. "욕망에 눈이 멀다."는 이런 경우를 말합니다. 욕망이 아니라 욕구를 가져야 합니다. 욕구는 목표를 갖게 하고, 에너지를 집중하게 만듭니다. 그러나 욕망은 노력 없이 탐하게 만듭니다. 욕망은 버리고 욕구를 키워 갈

수 있도록 아이들을 코칭 해야 하지 않을까요. 유명한 매슬로우의 이론이 욕망 5단계가 아니라 욕구 5단계인 이유가 여기에 있습니다. 단계별로 로드맵을 갖고 욕구를 충족시켜 나갈 수 있도록 리드하는 것이 리더의 역할 아닐까요. 그러니 큰 욕구를 갖게 하여 '정방향'으로 이끌어야 합니다. '정방향'이란 정답은 없고 방향만 있는 열린 교육입니다.

어떤 새끼 호랑이가 진짜 자신이 호랑이인지 궁금해서 엄마한테 물었습니다.
"엄마, 내가 진짜 호랑이야?"
"그래, 너는 대단한 호랑이란다."
그래도 미심쩍었던 새끼 호랑이는 아빠에게 또 물었습니다.
"아빠, 정말 내가 호랑이가 맞아?"
"그래, 너는 밀림의 왕 호랑이야. 그러니 늠름하게 살도록 해라."
새끼 호랑이는 자신이 호랑이라는 말에 기가 살아 어깨에 힘을 주며 여유 있게 길거리를 걷고 있었습니다.
그런데 마침 경찰에 쫓겨 도망치던 어떤 범인이 새끼 호랑이를 보고 한마디 했는데 새끼 호랑이는 그 자리에서 기절하고 말았습니다.
"비켜, 이 개새끼야."
새끼 호랑이가 기절한 것은 자기 정체성에 대한 의심 때문입니다. 개새끼라는 말 한마디에 호랑이라고 믿었던 자신의 정체성이 무너진 겁니다. 정체성 혼돈의 시대라고 합니다. 남의 이름으로 살고, 남과 비교하다 지치고, 대중 속에 묻혀 살고, SNS에 들떠 사는 사람들이 안타깝습니다. 정체성이야말로 자기의 존재 의지와 본질, 캐릭터를 드러내는 시그널입니다. 어떤 움직임에도 흔들리지 않는 난공불락의 정체성을 갖고 나가야 합니다. '나는 누구인가?'라는 물음을 가질 일이 아닙니다. '나는 누구다.'라는 확고한 정체성을 가져야 합니다. 정체성이 흔들리지 않을수록 미래가 확실하며 성과가 뛰어나다는 것이 입증되고 있기 때문입니다. 그러니 자신을 VIP로 키워야 하지 않을까요. 'Value - Identity - Purpose.' 가치관과 정체성을 가져야 목표를 이룰 수 있기 때문입니다.

"잠시 후 우리 버스는 강릉에 도착합니다."
버스 기사의 안내방송이 나오자 승객들이 웅성거리기 시작했습니다.
"대구로 가야 할 버스가 왜 강릉으로 오는 겁니까? 도대체 어떻게 된 겁니까?"
승객들이 들고 일어나자 당황한 운전기사가 차에서 내려 앞에 붙은 행선지를 보고 말했습니다.
"어떡하지요. 내가 차를 잘못 탔습니다."

방향을 잘못 잡으면 방황하게 됩니다. 그래서 일정표보다 이정표가 더 중요한 거 아닐까요. "바른 길에서 절뚝거리는 것이 잘못된 길에서 달리는 것보다 낫다."는 속담이 있습니다. 가고자 하는 목적지에 맞게 안내하고 있는지 점검해야 합니다. 그래서 리더는 비춰지는 얼굴만이 아니라 비전을 제시하고 방향을 잡아 주는 등대여야 합니다. 아무리 훌륭한 일정표도 결국은 이정표 안에 있어야 하기 때문입니다.

여행지에서 이런 일이 있었다고 합니다.
"이봐요. 자리 바꿔 주세요. 흑인 옆에 앉고 싶지 않아요. 비싼 돈 내고 여행하는데 불쾌합니다."
옆에 앉아 있던 흑인 남성이 곤혹스러운 표정을 지었습니다.
스튜어디스가 말했습니다.
"잠시만 기다려 주십시오. 자리가 있는지 확인하고 오겠습니다."

잠시 후 스튜어디스가 돌아와 말했습니다.

"오래 기다리게 해 죄송합니다. 일등석에 빈자리가 한 곳 있으니 그쪽으로 모시겠습니다."

백인 여성이 자리에서 일어나려 하자 스튜어디스가 말했습니다.

"죄송합니다. 기장님께서 흑인 손님을 모시고 오라고 했습니다."

백인 여성은 얼굴이 빨개졌고 어쩔 줄 몰라 했습니다.

품격을 높이기 위해서는 '품격'을 낮추어야 합니다. 자신을 높이는 자는 낮아지고, 자신을 낮추는 자는 높아진다고 예수는 가르치고 있습니다. '어머니 명상'이라는 것이 있습니다. '모든 존재는 한때 우리의 어머니였고, 우리도 한때는 그들의 어머니였다.'라고 생각하는 것입니다. 지금 함께하는 동료를 친절하게 대하는 것, 그것이 나를 친절하게 대하는 것 아닐까요. 어머니 명상을 통해 동료들을 대할 때 이것이 진정 애인여기(愛人如己, 내 몸처럼 사람을 사랑하라)의 가르침을 실천하는 것 아닐까요.

장자는 말(馬)을 사랑하고 아끼는 사육사의 예를 들며 이렇게 이야기합니다. 자신의 말을 지극히 사랑하는 한 사육사가 있었습니다. 그의 사랑이 어찌나 지극했던지 말의 똥을 광주리에 정성껏 받아 내고, 말의 오줌을 큰 조개로 만든 그릇에 담아 처리할 정도로 대단한 애정을 쏟았습니다.

그러던 어느 날, 자신이 사랑하는 말의 등에 모기 한 마리가 앉아서 피를 빨고 있는 것을 보았죠. 그는 자신이 그토록 사랑하는 말의 등에 앉아 피를 빨고 있는 모기가 너무도 미웠습니다. 그래서 살며시 다가가 팔로 힘껏 그 모기를 내리쳤습니다. 그러자 말은 주인이 자신이 미워서 등을 때리는 줄 잘못 알고는 발로 걷어차 주인의 머리와 가슴을 부러뜨렸습니다. 자신을 향한 사육사의 사랑을 제대로 이해하지 못하고 화가 나서 주인을 발로 걷어찼던 것이죠. 장자는 이 이야기를 하면서 우리에게 다음과 같이 말합니다. "사랑이 아무리 지극하다 해도 상대방의 마음을 헤아리지 못하고 오직 자기만의 방식으로 일방적으로 표현한다면 그것은 상대에게 온전한 사랑으로 받아들여지지 않는다."

무조건 상대방을 사랑하는 것이 진정한 사랑은 아닌 것 같습니다. 사랑은 상대방이 원하는 방식으로 해야 합니다. 그러기 위해서는 아이들 마음속으로 들어가야 합니다. 그래서 '역공맞'을 보여 줘야 합니다. '역지사지, 공감, 맞춤식.' 가장 좋은 말, 가장 귀한 선물, 가장 좋은 사랑. 그것은 내가 좋아하는 것이 아니라, 내 말을 듣는 이들이 좋아하는 것을 찾아 주는 겁니다. 하물며 말(馬)을 사랑하는 데도 애마지도(愛馬之道)가 필요하거늘, 이웃을 사랑하는 데 더 큰 애인지도(愛人之道)가 필요하지 않을까요.

어떤 할머니가 임종이 임박하자 묘비에 다음과 같은 글을 써 달라고 말했습니다.
"처녀로 태어나서 처녀로 살다 처녀로 세상을 떠났다."
그런데 석공은 글귀를 요약해서 다음과 같이 새겨 넣었습니다.
"처녀귀환."

석공이야말로 핵심을 꿰뚫는 통찰력, 즉 간결함을 가지고 있습니다. 셰익스피어는 간결함이 생명이라고 말했습니다. 2,500년 이상 동서양을 통해서 많이 읽히고 있는 『도덕경』의 글자 수는 5천 자에 불과합니다. 노자는 5천 자를 통해서 2,500년 동안 자신의 사상과 지혜를 퍼트리고 있습니다. 그 생명은 간결함에 있습니다. 210272의 간결함! 링컨의 연설이 유명한 것은 내용만이 아니라 그 간결함에 있습니다. 2분 동안 10문장, 272개의 단어를 사용한 그의 연설은 아직도 세계적인 명연설로 기억되고 있습니다.

요약하여 핵심을 전달할 수 있는 능력! 이것이 리더의 자질입니다. 그래서 동양에서는 열 가지(十)를 한 가지(一)로 요약할 수 있는 사람을 선비(士)라 했나 봅니다. 소통 능력은 말을 많이 하는 데 있지 않고, 간결하게 요약하여 핵심을 찍어 주는 데 있습니다. 그래서 머리를 써야 합니다. Summary!

공감이 건강을 부른다

어떤 선생님이 쉬는 시간에 얼굴에 콜드크림을 골고루 바르고 있었습니다.
이를 보고 있던 한 아이가 다가와서 샘에게 물었습니다.
"선생님, 뭐하시는 거예요?"
"선생님이 예뻐지기 위해서 하는 거야!"
잠시 후 선생님이 화장지로 얼굴의 콜드크림을 닦아 내자 아이는 또 이렇게 물었습니다.
"선생님, 왜 닦아 내요?"
귀찮아서 대답을 하지 않자 아이가 다시 물었습니다.
"벌써 포기한 거예요?"

아이의 물음에 제때에 친절하게 대답해 주었다면 이런 씁쓸한 질문을 받지는 않았을 것입니다. 잘못된 질문은 없습니다. 각자 다른 질문이 있을 뿐입니다. 각자가 가지고 있는 관점이 다르기 때문이죠. 아이들이 무엇을 물어보든지 제때에 충실하게 대답할 수 있는 것, 이것이 선생님의 사명 아닐까요. 나는 예쁜 샘인지, 바쁜 샘인지, 나쁜 샘인지 되돌아보아야 합니다. 아니면 혼자 기쁜 샘인지.
　세계 3대 성인인 예수, 공자, 붓다의 공통점은 무엇일까요. 질문의 대가이면서 동시에 답변의 대가입니다. 이들이 답변한 책이 성경, 논어, 불경입니다. 선생님은 질문만이 아니라 어떤 상황에서도 답변할 수 있는 준비가 되어 있어야 합니다. 붓다처럼 말이죠. 그는 제자가 물으면 뭘 붓다가도 올바르게 답변할 줄 알았습니다. ?로 시작해서 !로 끝나는 교실을 만들어 가는 것이 경쟁력 아닐까요.

몸 상태가 좋지 않은 환자에게 의사가 충고하고 있었습니다.
"술, 담배를 끊고 운동을 해야 합니다. 과일을 많이 먹어야 합니다. 과일은 껍질에 영양분이 많으니까 꼭 껍질째 드세요."
"네, 잘 알겠습니다."
"그런데 어떤 과일을 좋아하시죠?"
그러자 환자가 말했습니다.
"파인애플인데요."

제대로 환자를 치료하려면 사전에 충분히 환자의 상태나 기호를 알아야 합니다. 그래야 맞춤식 치료가 가능합니다. 요즘 우리 사회는 불통으로 골머리를 앓고 있습니다. 소통이 제대로 되어야 공감이 되고 넉넉함을 나눌 수가 있습니다. 문제는 이런 의사처럼 자기중심의 처방이나 소통 방식이 아니라 상대방 중심의 역지사지 마인드가 필요하다는 것입니다. 갈수록 나를 강조하지만 나를 잃고 있는 것은 아닐까요. 무엇보다 중요한 것은 상대방 입장에서 소통하고 공감을 나누고 행복을 나누는 것, 이것이 제가 독자 여러분에게 전해 드리고자 하는 말입니다.

유머가 우리의 삶에 미치는 영향에 대해서 연구한 자료들을 요약해 보면 다음과 같습니다. 유머는 단순히 웃고 즐기는 것만이 아니라 우리의 뇌를 부드럽게 하고 건강을 주고 학습 능력을 향상시키며 리더십을 발휘하게 합니다.

유머 있는 사람이 건강하고 오래 산다.
유머 감각은 위기를 쉽게 극복할 수 있게 해 준다.

유머 있는 사람이 연봉이 높고 승진을 빨리 한다.
유머 있는 사람이 리더십을 더 잘 발휘한다.
유머 있는 사람이 창의성이 뛰어나다.
유머가 화술을 향상시키고 이기게 만든다.
유머가 협상력을 높인다.
유머가 면역력을 높이고 건강을 지켜 준다.
유머가 긍정적인 마인드를 향상시킨다.
유머가 행복지수를 높여 준다.

이상은 유머에 대한 심리학적 연구 결과들입니다. 단순히 웃는 행위를 떠나서 유머는 창의적인 삶을 살게 해 주고, 성과를 내게 도와주며, 우리의 삶을 윤택하게 해 줍니다. 리더가 유머를 학습해야 하는 이유가 바로 여기에 있습니다. 그러니 힘(HIM)을 길러야 합니다. 유머를 사랑하다 보면 삶이 윤택해지고 틀에서 벗어나 자유로운 사고를 할 수 있게 됩니다. 그렇지 않고 고정관념에 갇히면 '고장관념'이 됩니다.

채플린은 73세에 막내를 낳았다고 하죠. 전문가들은 그가 유머 있고 고정관념에 갇히지 않는 유연한 삶을 살았기 때문에 가능했다고 말합니다. 고정관념을 깨기 위해서는 틀에 박힌 사각형을 깨야 한다고 합니다. 사각형의 침대에서 일어나 네모난 거울을 보고, 사각형의 신문과 TV를 보며, 사각형의 차를 타고, 사각형의 엘리베이터에 올라 사각형의 사무실에 들어가, 사각형의 책상에 앉아, 사각형의 컴퓨터를 켜고, 사각형의 돈을 벌기 위해 별의별 생각을 합니다. 지구는 둥글게 굴러가고, 우리들의 머리도 둥글게 진화한다는데 늘 네모 박스에 갇혀 있습니다. 게다가 요즘은 네모난 스마트폰에 갇혀 천국에 있는 것처럼 착각하고 있습니다. 이 네모난 틀을 깨고 고장관념에서 벗어날 수 있게 도와주는 것, 이것이 유머의 역할입니다.

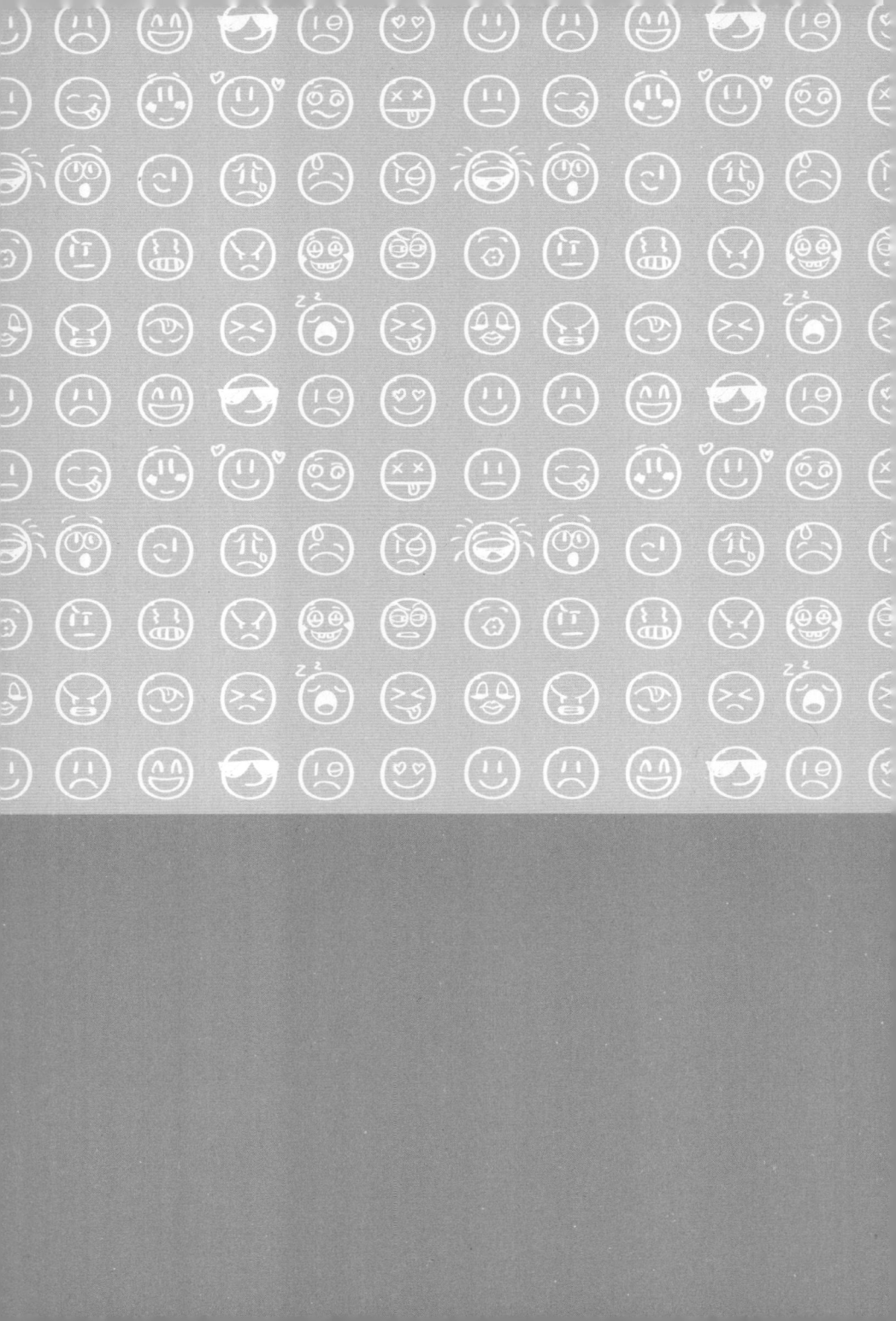

2장

가정을 위한 유머

나는 웃음의 능력을 보아 왔다.
웃음은 거의 참을 수 없는 슬픔을 참을 수 있는 어떤 것으로,
더 나아가 희망적인 것으로 바꾸어 줄 수 있다.

— 밥 호프

아빠유머가 가정의 행복

어떤 부부가 텔레비전을 보고 있었다.
아내가 갑자기 물었다.
"여보, 텔레비전은 여성형이야, 남성형이야?"
그러자 남편이 말했다.
"당신도 생뚱맞긴! 그야 당연히 여성형이지."
"왜?"
"눈만 뜨면 저렇게 시끄러운데 그게 누구겠어."

집안에서 잘 웃는 사람이 밖에서도 잘 웃는다고 합니다. 웃음은 전염성이 강하기 때문이지요. 누가, 왜 웃기 시작했든지 한 번 시작된 웃음은 주변 사람들 모두 웃도록 전염시키고 맙니다. 그러므로 가정이 행복하고 집안에 웃음이 흘러넘치기 위해서는 집안에서 제일 무뚝뚝한 아빠가 먼저 유머를 구사해야 합니다. 아빠가 웃으면 아이들도 따라 웃게 되고 집안이 화목해집니다. 이것이 유머의 힘입니다.

부모의 유머는 아이들의 두뇌 발달과 학습 능력 향상에도 밀접하게 관련되어 있다는 연구 결과가 있습니다. 똑똑한 아이로 키우기 위해 가정에서는 식탁유머를 해야 합니다. 식탁유머란 온 집안 식구가 함께 모여 음식을 먹는 가장 행복한 시간에 유머를 나누면서 식사하는 것이죠. 웃으면서 식사하는 것만큼 정신 건강에 좋은 것은 없다고 하지요. 식구들이 밖에서 생활하면서 보고 들은 이야기를 함께 나누며 웃을 수 있다면 이것이야말로 최고의 명약입니다.

공짜는 없다

어느 날 아버지와 아들이 오랜만에 대화를 나누었다.
"철아, 나중에 결혼해서 아빠가 너희 집에 놀러 가면 네 아내 몰래 용돈을 주어야 한다."
"어떻게 몰래 주지?"
"응, 아빠가 옷을 벗어 놓을 테니 호주머니에다 슬쩍 넣어 둬."
"알았어, 아빠. 근데 한 가지 조건이 있어."
"뭔데?"
"내일부터 엄마 몰래 내 호주머니에 용돈 좀 넣어 줘."

　세상에 공짜는 없나 봅니다. 그런데 이 집안은 참으로 유머가 흐르는 가정 같아 보이지 않나요? 아빠보다는 아들의 유머가 한 수 우지요. 이런 유머야말로 세상을 살아가는 데 큰 위안이 되고 전략이 될 겁니다. 그래서 가정은 유머의 생산 장소라고 말하는가 봅니다. 가정에서 찾지 못하는 웃음은 어디에서도 찾을 수 없다는 것이죠. 특히 집안에서 가족들과 격의 없이 웃음을 만들 수 있다면 어떤 위기가 찾아와도 극복하고 앞을 향해 힘차게 나아갈 수 있는 강력한 무기를 지니고 있는 것이나 마찬가지입니다. 웃음은 삶의 윤활유와 같은 역할을 하죠. 웃음이 사라진다는 것은 대인 관계의 맥이 끊어지고 고립되는 것을 의미합니다. 우리는 울면서 태어났지만 웃음을 찾아가는 여행에 참여해야 합니다. 오늘보다 더 값지고 진실하고 품위 있는 그런 웃음을 끊임없이 추구해야 하죠. 영국 작가 로버트 버튼은 "인간은 재미있는 이야기로 일단 함께 웃고 나면 사이가 더욱 가까워진다."라며 유머가 관계를 이끌어가는 힘이 있다는 웃음론을 펼쳤습니다.

엘리베이러~

아파트 엘리베이터 안에 한 남자가 타고 올라가려는데 밖에서 한 아이가 열림 버튼을 계속 누르면서 아직 오지 않은 엄마를 향해 소리쳤다. "엄마! 빨리 와! 엘리베이터 닫힌단 말이야!" 잠시 후 엄마가 헐레벌떡 뛰어와 엘리베이터에 타더니 아이를 꾸중했다.
"엄마가 그렇게 하지 말랬지?"
같이 탄 남자는 아이의 버릇없음을 혼내는 줄 알고 이렇게 말했다.
"우리 애도 그래요. 너무 야단치지 마세요."
그런데 아이 엄마는 남자의 말은 들은 척도 하지 않은 채 이렇게 소리쳤다.
"엘리베이터가 뭐야. 자, 따라 해 봐! 엘리베이러~."

가히 영어지상주의 시대가 된 지 오래입니다. 가정 교육은 내팽개쳐도 영어만 잘하면 똑똑해 보이고 잘될 것만 같은 심리가 지배하는 시대가 되어 버렸습니다. 영어 때문에 죽고 사는 시대가 되었으니 그럴 만도 하다고 말할 수 있겠죠. 외국의 한 언론에서 한국을 'R' 발음을 제대로 하기 위해 어린아이들의 혀를 째는 국가라고 보도한 적이 있습니다. 극성스런 영어 교육 때문에 모국어를 배우기도 전에 이유도 모르고 병원에 끌려가 혀를 째야 하는 아이들이 불쌍하기만 합니다.

요즘에는 호랑이에게 물려 가도 영어만 잘하면 살아남는다고 합니다. 세 살 영어가 무덤까지 간다는 말은 옛말이 되었습니다. 이제는 천국까지 간다고 합니다. 영어 교육이 정말 중요해졌다는 걸 느낄 수 있지요.

남편들이여, 힘을 내라

공처가에는 다음과 같은 유형이 있다.

석가모니형: 천상천하 아내 독존.
데카르트형: 나는 아내를 생각한다. 고로 존재한다.
맥아더형: 남편은 죽지 않는다. 다만 아내 앞에만 서면 움츠러들 뿐이다.
소크라테스형: 네 아내를 알라.
케네디형: 네 아내가 무엇을 해 줄 것인가를 생각하지 말고, 네가 아내를 위해 무엇을 할 것인가를 고민하라.
이순신형: 내 죽음을 아내에게 알리지 말라.

여러분은 어느 유형입니까? 오랜 부부 생활을 성공적으로 하는 한 가정이 있습니다. 그는 곧 결혼 60주년이 되어 주위 사람들의 부러움을 사고 있죠. 가까운 친구가 부러움이 가득 찬 눈으로 물어봤습니다.
"행복한 결혼 생활의 비결이 뭔가?"
그러자 그는 이렇게 말했다고 합니다.
"그야 간단하지. 우리는 한 사람이 말하면 다른 한 사람은 귀담아 듣지 않고 그냥 흘려 버린다네."
매 맞는 남편들이 늘어난다는 소식입니다. 참으로 우울한 소식이죠. 매 맞는 남편들을 위한 사회 보호 시설까지 생겨날 정도니 무서워집니다. 이웃 나라 일본에서는 경제력이 없는 남편을 내모는 황혼이혼이 유행하고 있다는데 더 이상 남의 나라 이야기가 아닙니다. 그래서 요즘은 가화만사성(家和萬事成)이 아니라 처화만사성(妻和萬事成)이라고 합니다. 아내가 편해야 가정이 화목해진다는 말입니다.

인명재천(人命在天)이 아니라 이제는 인명재처(人命在妻)라는 말이 있습니다. 5월 21일이 부부의 날이라 하죠. 가정의 달인 5월에 둘이 하나가 되자는 의미를 갖고 있습니다. 매월, 아니 매일 부부의 날이 되어야 하지 않을까요? 부부보다 더 좋은 인생 파트너는 없잖아요.

개 팔자 상팔자

공원에 산책 나온 어느 할머니가 친구들에게 하소연했다.
"차라리 개로 태어날 걸 그랬어."
"왜 하필 개죠?"
친구들이 놀란 듯이 물었다.
"우리 집 며느리 좀 보라구. 아침저녁으로 강아지 목욕시키랴, 산책시키랴, 철철이 옷 사입히랴, 개가 기침만 해도 병원 데려가랴, 엊저녁에는 밤새 개 발톱 소지하느라 뜬눈으로 샌다우."
"그래요?"
한 할머니가 끼어들었다.
"그놈의 강아지 처먹는 것만 내가 써도 이렇게 살지는 않을 께야."
"그러니 늙으면 개만도 못해."

　부모 한 사람이 열 자식을 거느려도 자식 열이 부모 한 분 모시지 못한다는 말이 있습니다. 그만큼 부모님의 사랑은 깊고 넓어 도저히 자식으로서는 그 깊이를 헤아릴 수 없을 지경이라는 말이죠. 예부터 자식 셋을 낳아 봐야 부모 마음 안다는 말이 실감 납니다.
　속도로 경쟁하는 시대, 앞만 보고 달려가는 우리에게 언제부터인가 '효'라는 말이 자꾸 사라지는 것 같아 가슴 아픕니다. 그래서 어른들 사이에서 개에게 하는 것 반만이라도 부모에게 하면 효라는 말이 유행하나 봅니다. 이러다간 정말 늙어서 개만도 못한 대우를 받지 않을까 걱정됩니다.

아줌마는 누구세요?

아들이 시험만 보면 매번 꼴찌만 하자 더 이상 참지 못한 엄마가 시험 전날 아들을 불렀다. 그러고는 한 가지 제안을 했다.
"아들아, 네가 만약 꼴찌를 면하면 네가 원하는 여행을 보내 주겠다. 그러나 또 꼴찌를 하면 너는 더 이상 내 아들이 아니다!"
다음 날 아들이 시험을 보고 돌아왔다. 엄마는 기대 반 의심 반으로 물었다.
"시험 결과는 어떻게 됐니?"
잠시 후 아들이 이렇게 대답했다.
"아줌마는 누구세요?"

여유 있게 엄마에게 아줌마는 누구냐고 묻는 아들 앞에서 그저 웃음만 터져 나옵니다. 이처럼 극단적인 조건보다는 스스로 일어설 수 있는 동기를 부여하는 것이 좋지 않을까요? 대부분의 부모나 교사들은 아이들이 자기를 닮기를 원하는 경향이 있습니다. 게다가 자녀를 마치 자신의 소유물로 생각하기도 하지요. 자녀는 독립된 인격체입니다. 부모나 교사는 성장기의 아이가 제 길을 바르게 찾아갈 수 있도록 조언해 주는 역할이 어울립니다. 그것이 어른들의 의무이기도 하고요. 게다가 공부만이 다는 아니라는 것을 기억해야 합니다. 공부 말고도 이룰 수 있는 것이 이 세상에는 넘쳐나거든요.

영원한 아내 사랑

암으로 죽어 가는 아버지가 자녀들을 불러 모아 놓고 유언을 남겼다.
"누가 묻거든, 아빠가 에이즈로 죽었다고 말해라."
아빠 말에 궁금한 딸이 물었다.
"아빠는 암인데, 왜 에이즈로 돌아가셨다고 말하라는 거예요?"
그러자 아빠는 심각하게 말했다.
"그래야 내가 죽어도 아무도 네 엄마를 건드리지 못할 것 아니냐?"

  이 아버지는 참으로 아내 사랑이 갸륵하군요. 그런데 이건 사랑일까요, 집착일까요? 자신이 죽어도 누구도 아내를 건드리지 못하게 하려는 계산이 치밀하잖아요. 먼저 가서 기다리겠다는 의지일까요? 다시 태어나도 당신만을 사랑하겠다는 약속이면 좋겠군요. 나이가 들어가면서 남편은 아내에게 의지하지만, 아내들은 남편을 마음속의 묵직한 덩어리로 생각하는 경향이 있는 듯합니다. 그래서 이런 말이 있잖아요. 남편을 집에 두고 나오면 근심덩어리, 같이 나오면 짐덩어리, 혼자 내보내면 걱정덩어리, 마주보면 웬수덩어리.
  어떤 집은 부인이 외출할 때 남편에게 '까불지 마.'라고 쓴 쪽지를 남기고 나간다고 합니다. 아내가 없는 동안 가스 조심하고, 불 조심하고, 지퍼 조심하고, 마누라만 생각하라는 뜻이라고 합니다.

웃는 만큼 오래 산다

어느 주부가 침대 밑에서 한 통의 편지를 발견했다. 겉봉투에는 "이렇게 헤어지게 되어 나도 슬프오."라고 쓰여 있었다. 그녀는 이틀 전 남편과 심하게 다툰 것이 떠올라 긴장된 마음으로 편지를 조심스레 읽기 시작했다.

"그동안 고마웠소. 20년을 한결같이 나를 위해 헌신하며 살아온 것 잘 아네. 하지만 그동안 내 인생이 행복했다고 말할 순 없을 것 같소. 더 늦기 전에 나도 이제 행복을 찾아 떠나는 것이 우리 모두를 위한 일이라 생각하오. 게다가 당신 몰래 밖에서 낳은 아이가 내년이면 초등학교에 입학을 하네. 용서하지 말게나. 참고 살아볼까도 했지만 툭하면 설거지하지 않는다, 빨래 개지 않는다, 밤일하는 데 힘이 없다는 핀잔 듣는 것이 무척 괴로웠네. 그저 한때의 잘못된 만남으로 잊고 새로운 인생을 시작하는 게 좋을 것 같구려. 걱정은 말게. 이 집은 당신에게 남기겠네. 참, 당신이 허락한다면 언젠가 밖에서 키워 온 녀석을 소개시켜 주고 싶네. 우리 아이들을 잘 부탁하네. 그동안 고마웠소."

아내는 뒤통수를 한 방 맞은 듯 정신을 잃었다. 그런데 하단의 접힌 부분에 이렇게 쓰여 있었다.

P.S. 여보 놀랐지? 나 지금 장모님하고 쇼핑 가. 내가 좋아하는 야한 당신 속옷도 살 거야. 오늘 우리 외식하기로 한 것 잊지 않았지? 이따 봐요.

- 당신만을 아는 남편으로부터

아내를 웃게 만드는 아이디어도 가지가지입니다. 아내는 남편의 편지에 놀랐겠지만, 후에 두고두고 웃을 수 있는 추억이 생겼군요. 이처럼 가정에서 웃음이 넘쳐야 행복한 겁니다. 웃는 데 무슨 절차가 필요할까요? 그냥 웃으면 됩니다. 즐거운 일이 없어도 웃다 보면 즐겁고, 옆 사람이 웃으면 또 즐거워 웃게 되는 것이지요.

제임스 윌스는 "웃는 사람은 웃지 않는 사람보다 더 오래 산다."고 말했습니다. 아마 편지를 받은 부인은 웃으며 행복하게 오래 살지 않을까요? 지나치게 진지하게 사는 것은 건강에도 좋지 않다고 하죠. 좀 가볍게 허허거리며 사는 게 도덕적으로나 품격 면에서 그렇게 문제 될 것은 없잖아요.

온 식구가 가출

부부 싸움이 한창인 어느 집에 다섯 살짜리 꼬마가 끼어들었다.
"엄마 아빠가 매일 이렇게 싸우면 나 집 나갈 거야!"
엄마가 놀라면서 말했다.
"아니다. 이 엄마가 나갈 테니 아빠하고 한번 살아봐라."
아빠도 뒤질세라 큰소리쳤다.
"아니야. 내가 나갈 테니 엄마하고 살아라."
부부가 여전히 옥신각신하고 있는 사이에 꼬마는 골똘히 생각하다 말했다.
"그럼, 우리 식구 다 같이 나갈까요?"

    가정에서 우리에게 부족한 것은 큰 집이나 부모님의 유산 따위가 아닙니다. 물론 부부간의 사랑이나 자식과의 대화의 부족도 아닙니다. 마음의 욕심만 내려놓는다면 우리는 그런 것들을 이미 충분히 가지고 있지요. 사실 우리에게 부족한 것은 바로 신이 준 선물, '웃음'입니다. 웃음은 빙산도 녹인다는 말이 있습니다. 또 의학적으로는 암세포를 죽일 만큼 강력한 기능도 있습니다.
    마크 트웨인이 "인류에게 한 가지 효과적인 무기가 있으니 그것은 웃음"이라고 말했다고 하지요. 그리고 보면 신은 정말 공정하신 분이 틀림없습니다. 웃음은 만인에게 평등하게 찾아오니 말입니다. 재치 있는 꼬마의 유머 감각이 부부 싸움을 말리고 가정의 평화를 가져오는군요. 이런 아이는 커서 우리 사회를 행복하게 할 리더십을 발휘할 게 분명합니다.

지지고 볶아도 부부

갈수록 이혼율이 심각한 수준이다.
그런데 이혼의 가장 큰 원인은 무엇일까?
"배우자의 부정?" "경제적인 문제?"
"성격 차이?" "폭력?"
모두 틀렸다.
이혼의 가장 근본적인 원인은 이것이다.
"결혼."

    예로부터 결혼은 2인 3각 경기라고들 하지요. 어떠한 장애물이 다가와도 천천히 둘이 함께 헤쳐 나가야 하기 때문입니다. 그러나 요즘은 중간에 어느 한쪽이 부상당하면 내팽개치고 뒤돌아서는 세상이 되어 버렸습니다. 쉽게 사랑을 맹세하기 때문에 어려움이 생기면 아무런 거리낌 없이 헤어지는 것이지요. 영국의 속담 중에 '서둘러 결혼하면 천천히 후회한다.'는 말이 있습니다. 처음부터 잘못된 만남은 없습니다. 그저 인내심과 사랑이 부족했던 것뿐입니다. 결혼은 사랑과는 다릅니다. 서로의 인생에 책임감을 갖고 이해하고 존중하며 노력해야 하는 것이기 때문이지요.

    소크라테스는 "결혼은 해도 후회, 하지 않아도 후회"라고 말했습니다. 하지만 이미 결혼을 했다면 후회만 할 것이 아니라, 자신의 선택에 책임을 지며 살아가야 할 것입니다. 이쯤 하고 나이 드신 분들의 인생 교훈을 되새겨 보는 것은 어떨까요. "지지고 볶아도 부부만큼 더 좋은 게 어디 있나."

머리가 하얀 이유

호기심이 많은 아이가 엄마에게 물었다.
"엄마는 왜 그렇게 흰 머리가 많아?"
그러자 엄마는 심각한 표정으로 깊은 한숨을 쉬며 말했다.
"네가 속 썩여서 그래. 그러니 엄마 말 잘 들어."
그 말을 듣고 아이는 골똘히 생각하더니 이렇게 말했다.
"응, 그래서 할머니 머리가 그렇게 하얗구나!"

애어른이라는 말 아시죠. 생각이 어른스러운 아이를 두고 하는 말입니다. 어른들은 상대할 수 없을 정도로 영특한 아이들이 어른에게 도전해 오고 있습니다. 어떤 엄마가 아이에게 다그쳤습니다. "텔레비전 그만 보고 공부해라." 그런데 할아버지가 참견했습니다. "오락 프로그램을 보면서 머리를 식히는 것도 괜찮다." 엄마는 아이에게 부모 말에 복종하는 법을 가르쳐야 한다며 다그쳤다. 그러자 아이는 미소를 지으며 이렇게 말했죠. "그런데 엄마는 왜 할아버지 말에 복종하지 않는 거야?" 아이들을 통해 어른들의 참 모습을 확인할 수 있는 것이지요.
영국의 낭만파 시인 윌리엄 워즈워드(William Wordsworth)는 "아이는 어른의 어버이"라고 했습니다. 많은 부모들이 아이를 가르친다고 착각합니다. 그러나 사실은 수많은 부모들이 아이들을 통해 배우고 성장하며 진정한 어른으로 거듭나는 것은 아닐까요?

지랄할 텐데

어떤 엄마가 친구 집에 전화를 걸었다.
그런데 어린 꼬마가 받는 것이었다.
그래서 그 꼬마와 대화할 수밖에 없었다. "엄마 어디 가셨니?"
"아니요."
"그럼 엄마 좀 바꿔 줄래?"
"지금 자는데요."
"그럼 엄마한테 할 말이 있으니 깨워 줘."
그러자 아이는 아무렇지도 않다는 듯이 이렇게 말했다. "지랄할 텐데."

참으로 부끄러운 일이 아닐 수 없습니다. 어린아이 입에서 어찌 지랄이라는 말이 서슴없이 나올 수 있을까요? 이 아이의 언어 습관을 통해 그 집안의 가풍을 알 수 있을 것 같습니다. 말은 가르치는 것이 아니라고 합니다. 다른 사람을 보고 따라 한다는 것이지요. 그러니 어른들이 던지는 말 한 마디가 아이들의 피가 되고 살이 됩니다.

요즘 아이들은 대화에 욕이 빠지지 않습니다. 또래 친구들과 의사소통을 하기 위해서는 반드시 욕설을 사용해야만 하는 환경에 노출되어 있기 때문입니다. 성적을 올리는 것도 중요하지만 성장 과정의 아이가 반듯한 언어 습관을 가질 수 있도록 이끌어 주는 것이 더 중요합니다. 바른 언어는 바른 꿈을 꾸게 하고, 반듯한 인성을 갖춘 어른으로 자라게 하니까요. 우리 모두 할 어반(Hal Urban)의 말에 귀 기울여야겠습니다. "인간은 말을 만들고, 그 말은 인간을 만든다."

그 아비에 그 자식

아빠가 아들과 함께 조깅을 했다.

열심히 뛰고 있는데 어떤 아줌마가 이렇게 말했다. "아저씨, 운동화를 짝짝이로 신으셨네요." 신발을 보니 정말 한쪽은 검은색, 반대쪽은 흰색이었다.

아빠는 나무 뒤에 숨으면서 아들에게 집에 가서 운동화를 가져오라고 말했다.

그런데 한참 후에 아들이 빈손으로 달려왔다.

아빠가 화를 내며 물었다.

"이 녀석아, 그냥 오면 어떡해?"

그러자 아들은 당연하다는 듯이 말했다.

"아빠, 집에도 한쪽은 검정색이고, 나머지 한쪽도 흰색 운동화밖에 없어."

다중지능이론의 창시자인 하워드 가드너 박사는 미래 인재가 갖추어야 할 조건으로 플렉시퍼티즈(Flexpertise)를 꼽았습니다. 플렉시퍼티즈는 융통성(Flexibility)과 전문성(Expertise)을 합친 단어로 미래의 인재라면 이 두 가지 능력을 고루 갖추어야 한다는 의미입니다. 현재 우리 교육의 허점은 문제 해결 중심이 아니라 보기 중에서 하나를 찍어 내는 암기 중심이라는 것입니다. 이런 교육을 받고 자란 아이들은 흑과 백은 쉽게 구분하는데, 그 언저리에 있는 다양한 색을 구분하고 수용할 수 있는 능력이 부족하지요. 인생에서 정답은 하나만 있는 것이 아닙니다. 왜 정답이라고 생각했는지를 합리적으로 설명하고 공감을 이끌어 낼 수 있다면 어떤 것이든 정답이 될 수 있는 것이지요. 위의 아이를 통해서 요즘 아이들의 단면을 보는 것 같아 마음이 씁쓸합니다.

타조 알 낳은 암탉

어느 충청도 마을에 금슬 좋기로 소문난 닭 부부가 있었다.
그런데 어느 날 수탉이 소리치며 암탉을 때리는 것이었다.
"어디 싸가지 없이 오리 알을 낳을 수가 있어?"
그런데 어느 날 암탉이 갑자기 죽고 말았다. 온 동네가 이 사건으로 벌집을 쑤셔 놓은 듯했다.
마을의 닭들이 모두 수탉을 범인으로 지목했다.
사건 해결을 위해 닭들이 모두 모인 가운데 촌장 닭이 수탉을 다그쳤다.
"네가 죽인 게 맞지?"
그러자 수탉은 이렇게 말했다. "저 혼자 타조 알 낳다 죽었슈!"

설상가상으로 타조 알을 낳다 죽었다니! 웃을 일만이 아닙니다. 최근 유명 인사의 자녀라며 나타나서 DNA 검사를 해야 한다고 주장한 사건이 있었죠. 그러고 보면 남녀 관계는 끝없는 욕망과 신비의 대상이기도 합니다. 하지만 그곳에 진정한 사랑이 없다면 타조 알을 낳는 닭들과 뭐가 다를까요. 인간이 인간일 수 있는 것은 육신을 뛰어넘는 사랑이 가능하기 때문 아닐까요. 지구상의 인구가 70억에 이릅니다. 남녀 숫자가 딱 반반이라고 본다면 35억 명 중에 한 사람과 같이 피부를 맞대고 사는 게 부부지간이죠. 35억분의 1이라는 숫자만 봐도 가히 행운이요, 신비가 아닐까요. 그런데 가당치 않은 하찮은 일로 가정이 깨지고 등 돌리는 것을 보면 그 자녀들이 불쌍하게 보일 뿐입니다. 그래서 부부지간은 서로 얼굴을 마주 보는 것이 아니라, 미래를 함께 바라보는 것이라는 말이 있지요.

다 때가 있는 법이다

갓 결혼한 신랑이 신혼여행을 가서 샤워를 끝내고 허겁지겁 겁탈하듯이 아내를 안아 사랑한다고 외치며 침대에 던졌다.
그런데 아내가 기절하여 혼수상태에 빠졌다.
그 이유는?
알고 보니 돌 침대였던 것이다.

　호사다마(好事多魔)라는 말이 있습니다. 좋은 일일수록 액운이 낀다는 말이지요. 기쁜 일이 있어도 너무 날뛰지 말라는 경고의 의미일 것입니다. 물론 일생에 한 번뿐인 신혼 첫날밤에 어찌 흥분하지 않을 수 있겠습니까? 그렇지만 모든 것은 다 한철입니다. 급할수록 돌아가라는 말이 있습니다. 대부분의 사람들이 능력이 부족해서가 아니라 서둘러서 일을 망칩니다. 우직지계(迂直之計)라는 말도 있습니다. 때로는 돌아가는 것이 빠른 길이라는 뜻입니다.
　아마 이 남편은 평생 동안 혼수상태에 빠진 아내를 병수발하며 살아야 할 운명이니 안타까울 뿐입니다. 모든 것은 다 때가 있는 법입니다. 무조건 흥분하고 덤벼들지 말고 점잖게 아내에게 이렇게 말해 보세요. '마! 누우라.'

취업을 안 하는 이유

모 대학에서 취업 지도를 하던 교수님과 학생이 상담 중에 이런 얘기가 오갔다.
"자네는 왜 취업에 관심이 없는가?"
"전 집이 두 채라서 먹고사는 데 문제가 없습니다."
교수님은 깜짝 놀라며 물었다.
"학생 신분에 집이 두 채라니? 그게 무슨 말인가?"
학생은 자랑이라도 하듯 힘주어 말했다.
"저는 외아들이라서 부모님 집이 제 것이 됩니다."
할 말을 잃은 교수는 재차 물었다.
"그럼 또 한 채는 무엇이지?"
"결혼할 애인이 외동딸이거든요. 그래서 처갓집도 제 것이 됩니다."

그냥 웃고 넘기기에는 어딘지 모르게 씁쓸하지요. 부모님 재산만 믿고 자기 직업을 포기하는 것은 무척 어리석은 일입니다. 해마다 취업 시즌이 되면 높은 급여에, 편한 일만을 찾으려는 학생들을 많이 만나게 됩니다. 게다가 직업에 대한 개념도 없이 막연한 환상에 잠겨 있는 학생도 제법 있습니다. 요즘은 한 집에 한두 명의 자녀가 고작이지요. 그래서 많은 부모가 어렵고 힘든 일을 대신해 주며 옥이야 금이야 키운다고 합니다. 물고기 잡는 법을 가르쳐 주어도 험난한 세상에서 살아남기가 힘든 법인데, 달라고 하지도 않는 물고기를 입에 물려 주니 이들이 사회에서 제 역할을 제대로 할 수 있을까요.

합의이혼

성격 차이로 매일 다투던 한 부부가 있었다.
이들은 한 번도 의견의 일치를 본 일이 없었다.
그런데 20년 만에 이 부부가 마지막으로 의견의 일치를 본 사건이 발생했다.
이 부부는 어느 부분에서 의견 일치를 보았을까?
"합의이혼."

　요즘은 경제적으로나 사회적으로 여성의 권한이 세지고 있습니다. 그래서 가정에서도 아내 눈치 보며 사는 남편이 점점 늘어나고 있다고 합니다. 아내가 부르면 50대에는 자는 척하고, 60대에는 아픈 척한다고 합니다. 그리고 70대에는 죽은 척한다고 하지요. 남편들의 생존 본능일까요. 20년 만에 처음이자 마지막으로 일치한 의견이 이혼이라니 참 서글픈 일입니다. 매일 서로 조금씩 양보하고 이해하며 합의 보는 삶을 산다면 얼마나 좋을까요. 우리 모두는 다를 뿐, 틀린 사람은 없잖아요. 이런 넓은 마음을 가지고 부부가 서로를 대한다면 다툴 일이 어디 있겠습니까.
　힘든 일이 생길수록 서로 배우는 자세로 지혜를 모아 간다면 행복한 배우자로 거듭날 수 있을 겁니다. 왜 배우자라고 말할까요. 서로 부족하니 서로에게 배우자는 뜻 아닐까요. 난관에 부딪힐 때마다 부부는 서로 마주 보며 이렇게 외쳐야 합니다. "배우자."

유산

어떤 도둑이 죽음을 앞두고 있었다.
친구가 병문안을 가자 도둑은 친구의 손을 잡으며 말했다.
"그간 지상에서 자네와의 우정을 생각해서 보물을 하나 주겠네."
친구는 이게 웬 떡이냐 반기며 물었다.
"그래, 그게 뭔가? 어서 말하게."
그러자 도둑이 말했다.
"보석일세."
마음이 더 급해진 친구가 말했다.
"그럼 어서 주게나."
그러자 도둑은 심각한 듯이 말했다.
"아랫마을 맹 서방네 건넌방 장롱 두 번째 서랍에 있다네."

    떠날 때 여러분은 무엇을 남기길 원합니까? 도둑처럼 자신만 아는 비밀? 아니면 돈을 남기실 건가요? 오래 기억될 지혜를 누군가에게 남기는 것이야말로 상상만 해도 아름다운 일입니다. 이러한 사람은 죽어도 기억되고 존경받습니다. 세상이 잊기 힘든 무엇인가를 남긴다는 것은 참 아름다운 일입니다.
    '나는 떠날 때 무엇을 남길까.'
    책을 덮고 잠시 묵상해 보기 바랍니다.

이혼 사유

100세 가까운 노부부가 이혼 상담을 하기 위해 변호사 사무실에 찾아왔다.
남편은 96세이고, 아내는 95세였다. 변호사는 의아해서 물었다.
"왜 이런 늦은 나이에 이혼을 하세요?"
그러자 서로 질세라 목청 높여 말했다.
"성격 차이죠."
"그럼, 어떻게 지금까지 참고 견디셨어요?"
그러자 노부부는 자녀들 때문에 참고 살았노라고 말했다.
그래서 변호사가 되물었다.
"그럼 이제 자녀들 걱정은 안 하세요?"
그러자 노부부는 말했다. "모두 죽었거든."

    요즘 황혼이혼하는 부부가 늘어나고 있습니다. 70세가 넘은 부부들이 이혼하는 사례를 심심치 않게 볼 수 있지요. 자녀에 올인 하는 우리나라의 사회 구조를 볼 때 어쩌면 자녀들이 이혼의 방패막이 역할을 하고 있지 않나 생각되기도 합니다. 부모의 금슬을 위해 부모보다 오래 사는 것이 요즘 세대의 효가 될 수도 있을 것 같네요. 위에 90세가 넘은 부부처럼 자녀들이 모두 세상을 떠나자 이혼하는 경우, 이들에게 부부란 어떤 의미일까요? 가정은 부부를 중심으로 꾸려 가야 합니다. 자녀가 중심이 되면 서로에게 소홀해지고 어느 순간 부부의 인생은 없어질 수 있습니다. 자녀는 자라서 또 다른 가정을 꾸릴 사람이라는 것을 잊어서는 안 될 것입니다.

간이 큰 아빠

어떤 아빠가 딸을 불러 결혼 문제를 상의했다.
"네 남자친구 맘에 드는구나. 그러니 그 녀석과 결혼하렴."
그러자 딸은 이렇게 말했다.
"하지만 아빠, 전 엄마를 남겨 두고 시집 갈 수 없어요."
그러자 아빠는 기다렸다는 듯이 이렇게 말했다.
"얘야, 그럼 네 엄마도 데려가면 안 되겠니?"

간이 큰 아빠입니다. 엄마를 데려가라니 말이죠. 나이 들수록 고개 숙이며 아내에게 잘 보여야 여생이 편하다는데 보통 아빠는 아닌 듯싶습니다. 여자는 혼자 살아도 남자는 혼자 살지 못한다는 말이 있습니다. 그만큼 나이 들수록 남자는 여자의 도움을 절실히 필요로 한다는 말입니다. 게다가 평균 수명이 늘어나고 있기 때문에 부부가 오랫동안 건강하게 사는 것보다 더 큰 행복이 어디 있겠습니까. 위에 나온 남편은 아마 아내의 사랑 없이는 살 수 없다는 것을 알면서 행복에 겨워 어리광 부리는 듯합니다. 세상 남자들이여. 아내가 당신의 집이라는 것을 아는가. 그 집이 곁에 있을 때 더 사랑해 주고 더 안아 주라!

숙제하는 엄마

어느 초등학교 교실에서 선생님이 숙제 검사를 하고 있었다.
"숙제 안 한 사람 손 들어 봐요."
한 아이가 손을 번쩍 들었다.
"왜 숙제 안 했어요?"
"엄마가 아프셔서요."
"엄마 병간호하느라 못했군요."
그러자 그 아이는 이렇게 말했다.
"아니요. 엄마가 아프시기 전에는 늘 숙제를 대신 해 주셨거든요."

    엄마 없이 숙제를 못하는 아이들이 많다고 합니다. 엄마가 학원에 대신 다니는 세상이니 말이죠. 비단 초등학교만의 일이 아닙니다. 대학 입시에서도 엄마의 스펙이 자녀의 스펙으로 통하는 세상이 되어 버렸으니까요. 엄마 없이 스스로 할 수 있는 일이 갈수록 적어지고 있어 걱정입니다. 이러다가 캥거루족만 판치는 세상이 되지 않을까 염려됩니다.
    정채봉 님의 시가 생각납니다. '땡볕에 내몬 콩은 콩나무가 되고, 안방에 키운 콩은 콩나물이 되었네.' 지나친 자식 사랑이 오히려 성장에 걸림돌이 된다면 이는 분명 어른들의 책임일 것입니다. 이제는 내 자식이 콩나무가 되어 자손 대대로 뻗어 나가길 원하는지, 콩나물이 되어 남의 밥상에 오르길 원하는지 결단해야 할 시기입니다.

엄마 말 잘 듣는 사람

어느 집에 아빠가 네 자녀를 모아 놓고 물었다.
"우리 집에서 누가 제일 엄마 말을 잘 듣지?"
아무도 대답이 없자 아빠가 말했다.
"막내지?"
그러자 자녀들은 서로 얼굴을 마주 보더니 동시에 말했다.
"아뇨, 아빠요."

아빠가 엄마 말을 잘 들어야 집안이 편안하고 웃음이 넘칩니다. 가소만사성(家笑萬事成)이라는 말이 있지요. 집안에 웃음이 넘치면 모든 일이 잘 이루어진다는 말입니다. 집안에서 찾을 수 없는 웃음은 세상 어디에서도 찾을 수 없습니다. 아무런 이유도 없이 질그릇 깨지는 듯한 웃음소리 내는 가정이 건강하고 행복한 가정입니다. E. E. 커밍스(E. E. Cummings)는 "인생에서 가장 의미 없이 보낸 날은 웃지 않은 날"이라고 했습니다. 많이 웃으세요. 아직까지 웃음소리 때문에 옆집과 싸웠다는 이야기를 들어 보지 못했거든요.

고단수 꾸중

열심히 공부하지만 성적이 꼴찌인 학생이 있었다.
여기저기 유명한 학원을 다녀 봤지만 여전히 성적은 제자리였다.
드디어 기말고사를 쳤다.
그런데 놀랍게도 한 과목만 '양'이고 나머지는 전부 '가'였다.
어머니가 성적표를 보시더니 한 말씀 하셨다.
"얘야, 너무 한 과목에만 치중하는 거 아니니?"

아마 공부하라고 소리쳤다면 오히려 반발만 살 수 있었을 것입니다. 엄마의 속은 타겠지만 "너 한 과목에만 치중하는 것 아니냐"며 여유 있게 유머로 설득하는 재치가 돋보입니다. 이런 면에서 유머는 설득에 효과적인 대화법이 될 수 있습니다. 어떤 상황에서도 유머 감각을 잃지 않는다면 이처럼 부드러운 관계를 만들어 갈 수 있습니다. 때로는 똑똑한 논리보다 유머 한 마디가 큰 힘을 발휘하거든요. 게다가 유머는 세상을 기분 좋게 돌아가게 만드는 윤활유 역할을 한다고 하잖아요. 그러니 어려운 상황일수록 유머에 빗대어 말해 보세요. 오히려 그 어려운 상황이 당신을 더 유리한 그지로 이끌어 줄 것입니다.

남편의 위상

어떤 계 모임에서 주부들이 남편을 흉보기 시작했다.
"집에 혼자 놔두면 근심덩어리야."
"난 같이 나오면 짐덩어리더라."
이때 한숨 쉬며 한 주부가 끼어들었다.
"혼자 내보내면 걱정덩어리야."
마지막에 어떤 주부가 좀 강하게 밀어붙였다.
"마주 보면 웬수 덩어리야!"

　　남편의 지위가 땅에 떨어지고 있습니다. 하늘(天)보다 높은 것이 지아비(夫)인 남편이라 했는데, 이제 '남편'이라는 말이 점점 '남의 편'처럼 되어 가고 있는 느낌이죠. 남성의 일자리는 점점 줄어들고, 반대로 여성의 일자리는 점점 늘어나고 있습니다. 통계청 자료에 의하면 지난해 우리나라 여성 1천만 명이 사회 활동을 하고 있다고 합니다. 이와 달리 가사와 육아에 전념하는 남편들은 점점 더 늘어나고 있는 추세입니다. 말 그대로 신모계사회가 앞당겨지고 있는 느낌입니다. 매 맞고 사는 남편이 늘고 있다는 뉴스도 이제는 새로울 게 없는 세상이 되어 가고 있습니다.

개고기 논쟁

애완동물을 몹시 사랑하는 어떤 딸이 엄마에게 물었다.
"엄마, 정말 아빠가 개고기를 드신단 말이야?"
"그게 뭐 어때서?"
"세상에 그런 동물 학대가 어디 있어. 너무 잔인해."
그러자 엄마는 점잖게 한마디 했다.
"아빠가 그거라도 드셨으니까 널 낳은 거란다."

    참으로 오묘한 모순이 아닐 수 없습니다. 아빠가 개고기 힘으로 자신을 낳았건만 개고기 먹는 사람을 혐오하다니요. 물론 개고기를 먹으라는 말은 아닙니다. 이처럼 매년 여름이 되면 개고기 식용 문제로 논란이 되고 있습니다. 동물보호단체에서는 개고기 식용 금지를 촉구하는 시위까지 할 정도입니다. 위의 유머를 보면 개고기는 마치 보양식으로 가치가 있어 보입니다. 어떤 동물보다도 인간과 지근거리에서 지내는 개가 식용으로 둔갑되는 현실은 여전히 논란거리가 될 듯합니다.
    먼 옛날 착한 늑대 한 마리가 인간에게 찾아와 친하게 지내면서 서로 협업하여 인간이 지구의 강자가 되었는데 말이죠. 이 늑대가 나중에 개가 됐다는 거죠. 개가 없었다면 인간이 지구의 강자가 될 수 없었을 것이라는 인류학자들의 말에 귀 기울일 필요가 있습니다.

남녀평등

어떤 남자가 친구 집에 놀러갔다.
그런데 그 친구가 땀 흘리며 앞치마를 빨고 있는 게 아닌가.
이를 보고 한심하다는 듯이 말했다.
"이 사람 안 됐군. 대낮에 마누라 앞치마나 빨고 있으니 말이야."
그러자 그 친구는 화를 내며 말했다.
"이 사람아, 제대로 보고 말하게. 이게 어찌 마누라 앞치마인가. 이건 내 거라네."

    마누라 앞치마를 빠는 게 뭐가 잘못이란 말인가. 오히려 행복한 가정의 단면을 보는 것 같습니다. 남녀 역할이 예전처럼 구분되지 않는 세상에서 걸레 빨고 밥하는 것이 무엇이 문제가 되겠습니까. 그만큼 여성들의 사회 활동도 왕성해지고 있으니까요. 이제는 남녀를 어떻게 구분하는가보다 남녀가 얼마나 조화를 이루어 가느냐가 중요한 것이 아닐까요. 남녀 간의 조화보다 더 큰 시너지는 없다고 보기 때문입니다.
    오히려 밥 못하고 세탁기도 돌리지 못하는 남자들이 문제입니다. 아직도 소파에 앉아 TV 리모컨 돌리며 커피 달라고 소리치는 남자들은 연구대상입니다. 그런 생존 방식을 참으로 오랫동안 유지하고 있는 그들에게 그 비밀을 듣고 싶네요.

붕어빵 아빠

어느 초등학교에서 있었던 이야기다. 선생님이 물었다.
"아버지 직업이 뭐니?"
"수산가공업입니다."
"아, 회사를 운영하시는구나?"
"아니요."
"그럼 무슨 일을 하시니?"
그러자 아이는 큰 소리로 자신감 있게 말했다.
"붕어빵 파십니다."

　얼마나 당당하고 자신감 넘치는 아들인가요. 이런 아들이 있는 그 아버지가 부럽습니다. 아버지의 일을 자랑스러워하는 이런 아들이 바르게 성장할 것입니다. 일본인의 그 유명한 '가업 잇기'는 장인정신의 단면을 보여 줘 대단한 일로서 보도되곤 하는데, 이 아들 또한 대단합니다. 아버지는 붕어빵을 팔지만 아들은 성장하여 진짜 수산가공업 회사를 운영하게 될지 또 어떻게 알겠습니까? 어느 기업에서는 면접 시험에 반드시 "가장 존경하는 사람이 누구입니까?"라는 질문을 한다고 합니다. 그 회사에서 눈여겨보는 사람은 "아버지"라는 대답을 하는 사람이라고 하지요. 자신을 낳고 길러 준 아버지도 존경하지 못하면서 어찌 본 적도 없고 대화도 못해 본 오바마나 링컨을 존경할 수 있단 말인가요.

열바다

세상에서 가장 추운 바다는?
"썰렁해."
세상에서 가장 따뜻한 바다는?
"사랑해."
이 말을 들은 어떤 주부가 남편에게 '사랑해.'라는 말을 듣고 싶어 퀴즈를 냈다.
"여보, 가장 추운 바다는 뭐죠?"
"그야 '썰렁해'지."
아내는 큰 기대를 가지고 또 물었다.
"그럼 가장 따뜻한 바다도 알겠네?"
그러자 남편은 무뚝뚝한 자세로 말했다.
"열바다."

아무리 뜨겁게 사랑하는 마음이 있어도 표현하지 않으면 상대방은 알지 못합니다. 마음속의 따뜻함을 전달하지 못해 정말 열 받는 경우가 있는 것이지요. 인생을 바꾸는 한마디! "사랑해!" 마음 깊은 곳에 있는 당신의 따뜻함을 말로 전해 보세요. 아내의 얼굴에, 남편의 얼굴에 미소가 가득 차오르는 모습을 볼 수 있을 것입니다. 사랑은 표현에서 시작합니다. 하찮은 일에 열받는 당신, 경고입니다.

남편 자랑

주부 셋이 모여서 남편 자랑을 하고 있었다.

첫 번째 주부가 말했다.

"난 남편을 대장으로 모셔요. 모든 돈을 남편에게 허락받고 쓰거든요."

두 번째 주부가 말했다.

"난 남편을 왕으로 모셔요. 모든 돈은 남편을 위해 쓰거든요."

세 번째 주부가 말했다.

"난 남편을 하느님으로 모시고 살아요."

모두 놀란 듯이 말했다. 그러자 그녀는 이렇게 이유를 설명했다.

"모든 돈은 내가 쓰고 남편을 위해서는 10퍼센트만 쓰거든요."

최근의 한 자료에 의하면 10대와 50대의 정신질환 환자가 늘고 있다고 합니다. 10대는 공부에 대한 스트레스 때문이고, 50대는 미래에 대한 불안 때문이라지요. 먹고사는 문제가 두려워 100세 시대는 축복이 아니라 재앙이라고 말하는 사람들이 늘고 있다고 합니다. 그래서인가, 맹자도 무항산무항심(無恒産無恒心)이라 했지요. 생활이 안정되지 못하면 마음에 여유가 없다는 뜻입니다. 우리 속담에 뒤주에서 인심 난다는 말과 같습니다. 남편을 하느님으로 모시지 않아도 좋으니 함께 인심 좋은 부부가 되면 좋겠습니다.

3장
리더십 향상을 위한 유머

기분이 좋다고 반드시 웃는 것은 아니다.
그러나 웃으면 반드시 기분이 좋아진다.
- 밥 로스

고단수 밀수꾼

어느 나라 국경마을에 한 할아버지가 날마다 오토바이에 과일을 싣고 두 나라를 오갔다. 세관원은 할아버지가 과일 속에 분명 뭔가를 숨겨서 밀수하는 것 같아 과일을 몽땅 쏟아 보았지만 아무것도 없었다.
심증은 있지만 증거를 잡을 수 없자 하루는 세관원이 할아버지에게 물었다.
"할아버지가 뭘 밀수하는지 너무 궁금해서 잠도 못 자겠어요. 눈감아 줄 테니 그게 무엇인지 가르쳐 주세요."
그러자 할아버지가 머뭇거리다 웃으면서 대답했다.
"이 멍청아, 보면 몰라? 오토바이잖아!"

껍데기만 보고 실체를 보지 못하면 허송세월을 보내기 십상이죠. 세관원의 눈에는 과일만 들어왔으니 말입니다. 실체를 본다는 것은 맥을 잡는 것입니다. 마치 뱀을 잡을 때 머리를 잡아야 안전한 것처럼 말이지요. '업은 아이 삼 년 찾는다.'는 속담이 있습니다. '부뚜막에서 숭늉 찾는다.'는 우리 속담도 있죠. 맥을 제대로 짚지 못해 벌어진 일들이지요. 번쩍이는 오토바이는 보지 못하고 늘 쓸데없는 과일만 눈에 들어왔으니 할아버지는 얼마나 코웃음을 쳤을까요. 껍데기에 현혹되지 않는 의지, 이 역시 세속과 영합하지 않는 꿋꿋한 자세 아닐까요?

코끼리를 불러내는 개미의 배짱

어느 수영장에서 개미가 수영하는 코끼리를 째려보며 소리를 질렀다.
"야! 코끼리, 짜샤."
코끼리가 들은 척도 하지 않고 계속 수영을 하자 개미는 더 큰소리로 떠들었다.
"인마, 코끼리! 너 이리 나와 봐!"
코끼리는 어이가 없었지만 어찌하나 보려고 풀 밖으로 나갔다.
그러자 개미는 코끼리의 위아래를 훑어보더니 말했다. "됐어, 들어가 봐."
코끼리는 화를 꾹 참으며 개미에게 물었다. "근데 왜 나오라고 했어?"
개미는 별일 아니라는 듯 대답했다.
"누가 내 수영복을 훔쳐갔잖아. 난 또 네가 내 거 입은 줄 알고."

이 시대를 살아가는 우리에게 필요한 것은 어쩌면 코끼리 같은 여유보다는 개미와 같은 깡이 아닐까요? 덩치는 개미같이 작아도 정신력은 코끼리 덩치처럼 커야 큰일을 할 수 있습니다. 코끼리가 내 팬티를 훔쳐 입었을지도 모른다는 생각이 들면 아무리 무서워도 불러서 확인을 해 봐야지요. 코끼리를 넘어뜨릴 수는 없지만 불러낼 수는 있는 것이 개미의 깡 아닐까요? 치열한 경쟁에서 살아남기 위해서는 그리고 자신의 브랜드를 특화시켜 나가기 위해서는 개미 같은 깡을 가져야 합니다. 하지만 언제부터 개미 같은 패기는 사라지고 편하게 영합하려는 세태가 되어 버렸습니다. 그저 좋은 게 좋다는 식의 태도는 더 이상 호연지기를 길러 내지 못하죠. 필요하다면 호랑이 굴에 들어갈 수 있어야 합니다. 그래야 호랑이를 잡죠. 개미의 깡이 부럽습니다.

지나침은 마이너스다

어떤 회사에 신임 CEO가 부임했다. 그는 부임한 첫날부터 원가 절감을 강조했다. 공장을 여기저기 시찰하고 있는데 한 사람이 건물 밖에서 우두커니 서서 빈둥거리고 있는 것이었다. CEO는 그 사람을 보자마자 화가 치밀어 소리쳤다.
"이봐, 당신 이리 와 봐. 그렇게 서 있을 바에 지금 당장 회사에서 사라지게."
월급을 미리 줄 테니 절대 다시는 나타나지 말라고 호통을 치며 그는 자신의 호주머니에서 돈다발을 꺼내 던졌다.
오후 늦게 집무실로 돌아온 그는 수행비서에게 물었다.
"아까 빈둥거리던 그 사람은 어느 부서에서 일하던 사람이지?"
수행했던 비서는 머리를 긁적거리며 말했다. "네, 사실은 피자 배달부입니다."

　열정만 넘치면 이런 CEO가 되지 않을까요? 경청하는 습관을 가졌으면 얼마나 좋았을까요? 그러면 부하에게 망신당하지 않고 피 같은 돈을 낭비하지도 않았을 테니까요. 모든 일의 시작은 커뮤니케이션이고 완성도 커뮤니케이션이라 할 수 있습니다. 상대방의 이야기를 들어 보고 일을 진행해도 늦지 않지요. 귀가 두 개고 입이 하나인 이유가 바로 여기에 있습니다. 입으로 망한 사람은 있어도, 귀로 망한 사람은 없다는 말이 실감납니다. 스티븐 코비 박사도 성공하는 사람들의 일곱 가지 습관 중 하나로 '먼저 듣고 이해시켜라.'라고 말하지 않았던가요. 사람들은 자신의 말을 잘 들어 주는 사람에게 비밀을 털어놓는다고 합니다. 많은 사람들이 나에게 비밀을 털어놓는다면 이미 나는 경청의 대가가 된 것 아닐까요.

언 발에 오줌 누기

신나게 이륙 준비를 하던 비행기가 갑자기 다시 격납고로 들어갔다.
그렇게 한 시간 정도 흐른 후 비행기는 다시 이륙하게 되었다.
뭔가 이상하다고 생각한 승객이 지나가던 승무원에게 물었다.
"비행기에 무슨 고장이 있었습니까?"
"엔진에 고장이 났어요."
승객은 안도의 숨을 쉬며 물었다.
"그럼 엔진은 다 고치셨군요?"
그러자 승무원은 별일 아니라는 듯 말했다.
"아뇨, 급하게 기장을 바꿨습니다."

    동족방뇨(凍足放尿)란 말 있죠? 언 발에 오줌 눈다는 뜻입니다. 언 발에 오줌 눈다고 해서 발이 따뜻해질까요? 물론 아주 잠깐은 따뜻할 수 있겠지요. 하지만 시간이 지날수록 더 얼어붙어 결국은 심한 동상에 걸리게 됩니다. 이처럼 미봉책으로 일을 대충 때우려 한다면, 나중에 더 큰 위기가 찾아오겠지요. 문제가 생겼을 때 시간이 오래 걸리고, 어렵더라도 제대로 해결해야 합니다. 대충 서둘러 해결하려고 하면 호미로 막을 일을 가래로 막게 될지도 모르니까요.

위기반전 무기

주례를 처음 보는 사람이 있었다. 얼마나 긴장했던지 한 달 전부터 연습하고 예식장에 갔다. 그런데 신부를 보는 순간 머릿속이 하얘지더니 할 말을 다 까먹어 버렸다. 신부처럼 예쁜 사람은 처음 보았기 때문이다.
그는 허둥대다 이렇게 말하고 말았다.
"신부는 죽을 때까지 이 주례를 사랑하겠는가?" 하객들은 웃고 난리가 났다.
시간이 지날수록 결혼식장은 주례의 말실수로 인해 아수라장이 되고 있었다.
이때 퍼뜩 정신을 차린 주례가 이어서 한마디 덧붙였다.
"보십시오. 신부는 대답을 안 했습니다. 이는 오직 신랑만을 사랑하겠다는 뜻입니다."
결혼식장은 주례의 재치 있는 말솜씨에 박수를 보내며 웃음바다가 되었다.

유머는 난처한 상황을 반전시키는 무기 역할을 합니다. 지식이나 논리로 풀어 나갈 수 없는 상황에서 적절한 유머 한마디는 웃음을 이끌어 내고 위기를 극복할 수 있게 해 줍니다. 무엇보다도 적당한 때에 알맞은 유머를 구사하면 자신의 약점을 숨길 수도 있지요. 그뿐만이 아닙니다. 오히려 상대방으로 하여금 친근하게 느끼게 해 신뢰를 줄 수도 있습니다. 한 시골마을에 어느 정치인이 선거 유세를 하러 갔다고 합니다. "저를 뽑아 주시면 여러분의 마을에 다리를 놓아 드리겠습니다." 그러자 마을사람 한 명이 "여보쇼, 우리 마을에 개울도 없는데 뭐하러 다리를 놔 준다는 거요?"라고 말했지요. 머뭇거리던 정치인은 이렇게 말하며 위기를 넘겼다고 합니다. "그럼, 개울도 같이 만들어 드리겠습니다."

모델하우스

어떤 악덕 건축업자가 죽어서 염라대왕 앞으로 끌려갔다.
염라대왕은 천국과 지옥을 보여 주면서 가고 싶은 곳을 택하라고 했다.
"네가 가고 싶은 곳으로 보내 주겠다!"
지옥은 그가 지금껏 상상하고 있었던 것과는 많이 달랐다. 사람들 모두가 춤추고 즐거워했다. 반면 행복이 넘칠 것만 같던 천국은 사람들이 하루 종일 말 한마디 없이 기도만 하고 너무 따분해 보였다. 그래서 그는 지옥을 선택했고, 염라대왕은 그를 지옥으로 보냈다. 그런데 이게 웬일인가, 아까 본 지옥과는 달리 사람들이 너무나 고통스러운 얼굴을 하고 있었다. 그는 염라대왕을 찾아가 따졌다.
"염라대왕도 거짓말하니 짜샤, 아까 본 것과는 다르잖아, 새갸."
그러자 염라대왕이 이렇게 말했다. "아까 그건 모델하-우스였어, 짜샤."

실상을 가장한 현실을 두고 모델하우스 같다고 말합니다. 그러므로 선택을 할 때에는 신중해야 하죠. 겉만 보고 설쳐대다가는 지옥으로 갈 수 있으니까요. 우리 삶도 대개 겉만 보고 판단하고 선택하는 경우가 얼마나 자주 있습니까? 뒤늦게 후회해도 이미 늦었지요. 그러므로 선택하기 전, 현실을 제대로 직시하는 것이 우선이죠. 악덕업주처럼 화려한 모델하우스를 공개하고 나서는 전혀 다른 집을 파는 사람에게 속지 않으려면 말입니다. 서양 속담에 '지옥 길은 선의로 포장되어 있다.'는 말이 있습니다. 선의를 갖추려고 발버둥치기보다는 옳은 행동을 하라는 뜻입니다.

프로근성

임종을 눈앞에 둔 변호사에게 한 친구가 병문안을 갔다.
그런데 그 변호사는 아픈 몸을 이끌고 책자를 열심히 뒤지고 있었다.
병문안 온 친구가 궁금하여 물었다.
"자네는 몸도 아픈데 뭘 그리 찾고 있나?"
그랬더니 그 친구는 계속 책자를 뒤지며 심각하게 말했다.
"어디 빠져나갈 구멍이 없나 보는 걸세!"

 죽음을 눈앞에 둔 사람치고는 직업 근성이 심하군요. 죽음을 피해 빠져나갈 구멍을 찾을 정도면 대단한 증세 아닐까요. 어느 의사가 한 모임에서 변호사 친구를 만났습니다. 의사는 주변 사람들이 건강에 대해 물어오는 통에 제대로 대화를 즐길 수가 없었죠. 그래서 옆에 있던 친구 변호사에 물었습니다. "자네는 사무실이 아닌 이런 곳에서 법률 자문을 하는 사람들이 있으면 어떻게 벗어나나?" 그랬더니 변호사 친구는 "난 조언을 해 준다네. 그리고 적당한 비용을 청구하지!"라고 말했습니다. 의사는 좋은 아이디어라고 생각하고 자기도 그렇게 하겠노라 마음먹었습니다. 그런데 다음 날 그는 변호사 친구에게서 황당한 청구서를 받았습니다. "어제 상담료로 10만 원을 입금하시오". 누구에게나 직업적인 근성이 있습니다. 아마 이것이 프로 근성 아닐까요.

인사불성

평소에 얼굴이 어두운 직원에게 상사가 주의를 주었다.
"여보게, 상사와 마주치면 인사 좀 하게."
그러자 그는 굳은 얼굴로 이렇게 말했다.
"저는 마음에 없는 인사는 하지 않습니다."
그러자 상사가 말했다.
"인사를 하라는 게 아니야. 자네 얼굴은 어두운 느낌을 주니까 얼굴을 마주치지 않도록 머리를 숙이라는 걸세."

　　인사를 잘해야 인사(人事)가 결정된다는 말이 있습니다. 인사를 잘해야 인상이 결정되고, 인상이 좋아야 인생이 잘 풀린다는 말이지요. 인생은 결국 인사에서부터 시작되는 셈입니다. 그러니 웃는 얼굴로 인사하는 것은 상대방을 기분 좋게 하고 자신의 가치를 올리는 기술 아니겠습니까. 특히 첫인상은 두 번 줄 수 없다는 말을 명심하세요. 오늘 당신은 누구와 어떤 인사를 나누었습니까?
　　인사불성을 외쳐야 합니다. '인사만 잘해도 불가능한 일도 성공으로 만들 수 있다.'

한눈에 반했소

신혼여행을 가는 비행기 안에서 신랑이 신부에게 말했다.
"난 사실 한쪽 눈이 보이지 않는 불구자요."
신부는 깜짝 놀라며 말했다.
"왜 그런 얘기를 진작 하지 않았어요? 이 결혼은 사기예요. 당장 소송할 거예요."
"내가 당신에게 보낸 첫 연애편지에 그걸 밝혔소."
집에 돌아온 신부는 신랑에게 받은 연애편지를 모두 꺼내 맨 처음 받았던 편지를 찾아냈다.
그 편지의 첫 구절에 이렇게 쓰여 있었다.
"난 당신에게 한눈에 반했소!"

좋은 일에 무턱대고 덤벼든 적은 없습니까? 이럴 때일수록 침착하게 주의를 살필 필요가 있습니다. 너무 좋다 보니 한눈(애꾸눈)에 반했다는 말의 의미를 깨닫지 못하고 말았습니다. 하지만 너무나 사랑하여 그 의미를 깨닫지 못했다면, 이 또한 사랑이 주는 행복 아닐까요. 신부가 신랑의 두 눈을 사랑한 것이 아니라, 그의 모든 것을 사랑했다면 말입니다. 하지만 좋은 일일수록 잘 살피는 지혜는 필요한 것 같습니다. 사랑에 눈을 뜨면 사랑에 눈이 먼다는 말을 실감 나게 하는 유머입니다.

상대의 언어로 말하라

어떤 비서가 급한 전화를 받고 있었다.
"지금 사장님 자리에 안 계신데요. 실례지만 누구시죠?"
"알아서 뭐하게요."
"전화하셨으니까 묻는 거 아니에요."
잠시 침묵을 지키던 그가 다시 물었다.
"그럼 사장 지금 무슨 일 하는지는 아세요?"
"글쎄, 지금은 안 보입니다."
"혹시 오줌 싸러 간 건가요?"
"무슨 말씀을 그리 심하게 하세요. 똥 싸러 가신 분이게."

여비서도 만만치 않군요. 웃음에는 웃음으로 맞대응하는 전략이 때로는 악의를 품지 않게 하고 품격 있는 소통으로 이어질 수 있습니다. 너무 경박하지도 않으면서도 상대의 분위기에 맞춰 나가는 것도 세상 살아가는 또 다른 방법이 아닐까요. 소크라테스의 수사학(修辭學)에 이런 말이 나옵니다. '그들의 언어로 말하라.' 즉 말 잘하는 사람은 늘 상대의 언어로 말한다는 거죠. 만나는 사람의 지위나 품격, 혹은 그의 언어 구사 수준에 맞게 대응해 나가는 것이 맞춤식 소통 아닐까요. 누군가와 친해지려면 이처럼 상대방의 언어습관을 익혀서 그 사람의 언어로 말하려고 노력해야 합니다.

가장 아름다운 소는?

"가장 무서운 소는?"

"무섭소."

"가장 말을 잘 듣는 소는?"

"알았소."

"가장 아름다운 소는?"

"미소."

    미소에는 서로의 마음을 열어 주는 전염 요소가 있다고 합니다. 이웃에게 다가갈 때 미소로 무장해 보세요. 그것이 최고의 전략이 될 테니까요.

    미소야말로 상대를 내 편으로 만드는 최고의 기술입니다. 그래서 미소는 최고의 유니폼이라는 말이 있습니다. 유대인 속담에 '미소가 없는 사람은 가게 문을 열지 말라.'는 말이 있습니다. '거울 속의 당신은 결코 먼저 웃지 않습니다.'라는 말도 있습니다. 인사받는 사람과 인사하는 사람이 정해져 있는 문화권에서는 이런 원칙을 두면 어떨까요? '1초 먼저 인사하기.'

지구에 종말이 온다면

하루살이: "그게 나랑 무슨 상관이지?"

노스트라다무스: "누구 말인지 알지?"

신부님: "형제 여러분, 우리의 죄를 반성합시다."

죄인: "이제 세상이 공평해지는구나."

노숙자: "그럴 줄 알았다니까."

대통령: "동요하지 말고 정부 조치를 믿어 주세요."

치매 환자: "뭐? 누가 온다고?"

유치원생: "그럼 우린 외계인 되는 거야?"

식인종: "어, 양식이 떨어지는구나."

취업 5수생: "차라리 그게 낫겠군."

독재자: "어, 그러면 안 되는데. 이 땅에 평화를 주려 했는데."

이해인 수녀님은 노래합니다. "오늘은 그토록 기다리던 그 날이다. 그리고 남은 여생을 살아가는 첫날이다." 수녀님의 말씀을 통해 오늘 어떤 일이 벌어지더라도 최선을 다하는 것이 의무라는 것을 느낄 수 있습니다. 하루살이처럼 "그게 나와 무슨 상관이냐."고 항변하면 안 되겠죠. 주어진 일에 최선을 다하는 것이 하늘의 이치를 따르는 일일 테니까요. 『논어』에 '순천자(順天者)는 존(存)하고 역천자(逆天者)는 망(亡)한다.'는 말이 있습니다. 하늘의 이치에 순응하는 자는 살고 역행하는 자는 망한다는 뜻이죠. 오늘이 마지막 날이라는 심정으로 살고, 첫날이라는 생각으로 꿈을 꾼다면 지구에 종말이 온들 두려울 게 무엇이 있을까요.

집중력과 집착력

어느 축구코치가 대학 선수에게 호통 치며 말했다.
"자네 요즘 실력이 왜 그래? 혹시 공부한 거 아냐?"

성공의 뒤에는 늘 집중력이라는 에너지가 있었다는 것을 명심해야 합니다. 사석위호(射石爲虎)라는 말이 있습니다. 돌덩이를 호랑이로 알고 정신을 집중하여 쏘았더니 돌에 화살이 박혔다는 것입니다. 다윗이 골리앗을 물리치고 승리할 수 있었던 요인도 바로 자신의 장기인 돌 던지기에 집중했기 때문이죠. 만약 갑옷이나 창을 들고 골리앗을 대적했다면 죽고 말았을 것입니다. 그러나 양치기 출신인 다윗이 돌팔매질하며 양떼를 노리는 늑대를 몰아내던 실력을 유감없이 발휘하여 그 집중력으로 결국 골리앗까지 물리칠 수 있었죠. 이것을 보고 말콤 글래드웰은 1만 시간의 법칙이라고 말합니다. 누구든지 자기 분야에 1만 시간을 투자하면 그 분야의 달인이 된다는 거죠. 한 분야에 오랫동안 집중하면 남과 필적할 수 없는 달인인 아웃라이어(Outlier)가 됩니다. 자신의 강점에 집중할 때 자기만의 영역을 구축할 수 있습니다. 당신은 무엇에 집중하고 있습니까? 당신은 지금 목표를 정해 그것에 집중하고 있나요, 아니면 엉뚱한 것에 집착하고 있나요?

융합형 인간

어느 회사에 신입사원이 첫 출근을 했다.
상사가 그에게 다가오더니 말했다.
"자, 우선 서류 정리하는 것부터 배우게."
그러나 신입사원은 못마땅한 표정을 짓더니 이렇게 말했다.
"전 유학 가서 대학원까지 나왔어요."
그러자 상사는 알았다며 이렇게 응수했다.
"맞아, 자네는 해외파지. 그럼 미스 김이 어떻게 서류 정리하는지 가르쳐 줄 걸세."

간판 가지고 먹고살던 시대는 지났습니다. 화려한 경력도 더 이상 소용없는 시대가 되어 가고 있습니다. 중요한 건 학습 능력입니다. 미래학자 토플러는 "21세기의 문맹자는 읽고 쓸 줄 모르는 사람이 아니라 자기 학습을 게을리하는 사람"이라고 말합니다. 게다가 브라이언 트레이시는 이렇게 강조합니다. "당신이 어디에서 왔는가는 중요하지 않다. 진짜 중요한 것은 지금부터 어디로 가는가이다." 이런 유머가 있습니다. 학사는 개미를 연구하고, 석사는 개미 뒷다리를 연구하고, 박사는 개미 뒷다리 뼈를 연구하는 사람이다. 그런데 목에 가장 힘을 주는 사람, 자존심이 강한 사람은 박사죠. 이제는 개미 뒷다리 뼈만 연구해서 품위를 유지하고 좋은 직장 찾아가던 시대는 지났습니다. 모든 것을 다 알지는 못해도, 모든 것을 융합할 수 있는 시대이기 때문입니다. 융합형 인간이 각광받는 시대입니다. 당신은 아직도 어느 한 분야만 고집하는 사람인가요?

손발이 맞아야

어느 가족이 외식을 하고 신나게 달리는데 그만 교통 위반으로 걸렸다.
"신호 위반입니다."
그러자 부인이 말했다.
"거봐요. 음주운전하지 말랬잖아."
이 말을 듣고 경찰은 음주운전 혐의를 추가했다. 면허증을 돌려받고 막 출발하려는데 뒷좌석에 앉아 있던 엄마가 한심하다는 듯 말했다.
"이 녀석아, 훔친 차는 끌고 나오지 말랬잖아."

 손발이 맞아야 도둑질도 한다는데 이 가족은 쿵짝이 안 맞는군요. 이처럼 무슨 일을 하든 팀워크라는 게 가장 중요합니다. 박지성 선수가 뛰고 있는 맨체스터 유나이티드의 퍼거슨 전 감독이 한국에 왔을 때 기자들이 당신 팀에서 가장 유능한 선수가 누구냐고 묻자, 그는 이렇게 말했습니다. "팀입니다." '빨리 가려면 혼자 가고 멀리 가려면 함께 가라.'는 진리는 결코 진부한 표현이 아닙니다. 팀으로 일하면 기적을 일으키기 때문이죠. 그래서 Team을 'Together Everyone Achieve Miracle(모두가 함께하면 기적을 일으킨다)'이라고 하잖아요. 월트 디즈니도 이렇게 말합니다. "꿈은 누구나 꿀 수 있다. 그러나 그 꿈을 이루기 위해서는 사람을 모아야 한다." 2천 년 이상 예수의 복음 사업이 뿌리 내린 것도 열두 사도라는 팀을 통한 출발 덕분 아닐까요.

위기 극복 재치 만점

케네디 대통령이 우주비행사에게 공로메달을 수여할 때의 일이다.
메달을 건네받는 순간 실수로 떨어져 '쨍' 하고 소리를 내며 굴러갔다.
주변은 찬물을 끼얹은 듯 조용해졌다.
이때 케네디는 메달을 다시 주어서 목에 걸어 주며 이렇게 말했다.
"하늘에서 온 용사에게 땅으로부터 메달을 드립니다."

미국 역사상 가장 젊은 나이로 대통령에 당선된 존 F. 케네디가 입후보되었을 때 일입니다. 그가 싸워야 할 상대는 산전수전 다 겪은 노련한 닉슨이었지요. 선거는 경륜이냐, 젊은 패기냐로 세간의 관심을 끌게 되었습니다. 닉슨은 우위를 점하기 위해 '케네디는 미 대륙을 이끌어 나가기에는 경험 없는 애송이에 불과하다.'고 밀어붙였지요. 닉슨의 이러한 공격에 케네디는 어느 연설에서 이렇게 반박했습니다. "이번 주의 빅뉴스는 국제 문제나 정치 문제가 아니라 야구왕 테드 윌리엄스가 나이 때문에 은퇴하기로 했다는 안타까운 소식입니다. 이것은 무슨 일이든 경험만으로는 충분하지 않다는 것을 입증하고 있습니다." 그는 이렇게 반격함으로써 노련한 경험을 무기로 내세운 닉슨을 제압하고 대통령으로 당선됐지요. 당신은 어떻게 위기를 극복합니까? 재치를 담아 보세요. 이는 웃음을 자아내기도 하지만, 때로는 상대의 허를 찌르기도 합니다.

가장 깨끗한 손가락

"왜 사람들은 반지를 네 번째 손가락에 낄까?"
"가장 깨끗하니까."

　시장을 뽑는데 다섯 명의 후보가 등록했다. 드디어 첫 번째 후보가 엄지손가락을 들면서 말했다. "내가 가장 힘 있고 센 사람이오. 그러니 날 밀어 주시오." 두 번째 후보가 집게손가락으로 하늘을 가리키며 말했다. "내가 리더요. 언제나 지시하고 감독하는 것은 이 두 번째 손가락이란 말이요." 이어서 세 번째 후보 가운뎃손가락이 말했다. "내가 가장 키가 크고 좌우에 치우치지 않는 균형 잡힌 리더요. 그러니 날 뽑아 주시오." 네 번째 후보 약지손가락이 일어서려는 순간, 갑자기 다섯 번째 후보가 새치기하며 말했다. "모두 거짓말이오. 여러분은 어느 손가락하고 약속합니까? 새끼손가락인 저 기호 5번과 하지 않습니까? 저는 약속을 지키는 후보입니다."
　유권자들이 지루하게 생각할 무렵, 네 번째 후보가 벌떡 일어서며 소리쳤다. "모두 거짓말이오. 내가 가장 깨끗한 후보요." 그러자 나머지 후보들이 모두 들고 일어났다. 네 번째 후보는 손가락을 펼치며 이렇게 외쳤다. "자, 보시오. 새끼손가락으로 코딱지 파서 엄지와 검지로 비벼서 가운뎃손가락으로 튕겨 내지 않소. 코딱지가 묻지 않은 네 번째인 내가 가장 깨끗한 후보요." 이렇게 해서 네 번째 후보가 당선되었다나 뭐라나. '손은 밖에 나와 있는 두뇌'라는 서양 속담이 있습니다. 손이 깨끗한 정치인이 정신도 맑고 깨끗하겠지요.

유머 떨어진 남자

과거에 여자들이 가장 싫어하는 남자는 덜 떨어진 남자였다.
그런데 요즘은 덜 떨어져도 상관없다.
그럼 요즘 여자들이 가장 싫어하는 남자는 어떤 남자일까?
"돈 떨어진 남자."

　돈이 제갈량이라는 말이 있습니다. 돈이면 무엇이든 부릴 수 있다는 뜻이지요. 여성들이 그를(Him) 좋아하는 조건이 있다고 합니다. 첫째는 유머(Humor) 있는 남자요, 둘째는 재미있는(Interesting) 남자, 그리고 셋째 돈(Money) 많은 남자라는 것입니다. 그런데 막상 결혼할 때는 유머 넘치는 남자는 뒷전이고, 뭐니 뭐니 해도 머니가 우선이 아닐까 싶습니다. 그러니 덜 떨어져도 돈만 떨어지지 않으면 된다는 말이 나오는 게 아닐까요. 하기야 눈만 뜨면 돈 때문에 부모, 형제를 죽이고, 돈 때문에 죽는 세상이니 돈만 있다면야 덜 떨어진 게 무슨 약점이겠습니까? 이미 돈, 돈, 돈 하다가 돈 세상이 되어 버렸으니 말입니다.
　돈이 우선시되는 것이 안타까울 뿐입니다. 사람이 있고 돈이 있지, 돈이 있고 사람 있는 것이 아닙니다. 돈보다 유머가 더 큰 여유와 행복을 가져다준다는 것을 깨달아야 하지 않을까요. 이런 점에서 돈보다 유머감각이 떨어지는 남자를 싫어하는 것이 지혜로워 보입니다.

처칠의 유언

처칠은 죽기 전에 동상을 만들지 말라고 유언을 했다.
새들이 자신의 머리 위에 똥 싸는 것이 싫다는 이유였다.
그러나 그가 죽자 영국 정부는 곳곳에 그의 동상을 만들어 업적을 기렸다.
새들이 날아와 처칠의 염려대로 그의 동상 머리 위에 똥을 싸기 시작했다.
"왜 그의 머리 위에 똥을 싸는 거냐?"
청소부가 화가 나서 새에게 소리쳤다.
그러자 새가 항변했다.
"내 화장실에 똥을 싸는데 왜 참견이세요?"
"왜 그게 네 화장실이냐?"
그러자 새가 당당하게 말했다.
"WC잖아요. Winston Churchill."

처칠은 유머정치의 대가입니다. 그가 하는 말은 9할이 유머라는 얘기가 전해지지요. 그는 칭찬은 물론, 싸움도 유머로 했다고 합니다. 독설에도 유머가 녹아있었다고 하지요. 그러니 수많은 정적이 있었음에도 불구하고 그는 영국의 자랑이었답니다. 처칠의 어머니는 "나는 영국을 위해 처칠을 남겼다."고 말하고, 그의 아내는 "나는 영국을 위해 처칠을 지켰다."고 말했다고 합니다. 이 얼마나 아름다운 유머러스한 가족입니까? 시간이 흐르고 처칠은 이제 없지만 그의 유머는 살아남았네요.

항문의 시위

인체의 장기들이 모여서 자기 자랑을 했다. 머리가 먼저 자랑했다.

"내가 생각하지 못하면 너희들 모두 동물과 다름없어. 내가 최고야."

간이 말을 이었다.

"내가 건강하지 못하면 해독 작용을 못해서 너희들 모두 죽어."

이번에는 심장이 말했다.

"내가 뛰지 않으면 너희들 모두 죽어. 그러니 내가 최고야."

두 발이 열을 올리며 말했다.

"내가 움직이지 못하면 너희들 모두 이 자리에서 평생 썩어야 할 걸."

모두 잘난 척하는 통에 항문은 할 말을 잃었다.

그저 그는 침묵을 지켰다.

입을 꾹 다문 채 3일을 버텼다.

그러자 모든 장기들이 두 손 들고 말했다.

"항문아, 네가 최고야. 어서 똥 좀 눠!"

　　항문이 하는 일은 똥을 보관하고 처리하는 일입니다. 하지만 항문이 파업하면 어떤 장기도 제 기능을 못하지요. 그러니 머리가 아무리 똑똑하고, 입이 말을 잘한들 무슨 소용일까요? 우리 몸에서 가장 훌륭한 장기는 그대의 입이 아니라 '똥꼬'라는 사실을 기억하세요. 사람들 중에도 이런 사람이 있지요. 아무도 알아주지 않지만 낮은 데서 묵묵히 자기 일을 하는 사람 말입니다. 진정 우리가 필요로 하는 리더의 모습 아닌가요?

발상의 전환

어느 축산 농가가 파산 직전에 이르렀다.
그런데 주인이 바뀌더니 번창하기 시작했다.
"비결이 뭐요?"
주위 사람들이 물었다.
그러자 새 주인은 별거 아니라면서 이렇게 말했다.
"소들에게 말했죠. 나는 오늘부터 고기나 우유 둘 중에 하나만 팔겠다고."

이것이 발상의 전환이요, 창조경영입니다. 때로는 현실을 뒤집어 볼 수 있는 역발상이 필요합니다. 우유만 파는 것이 아니라, 말 안 들으면 고기로 팔아 버리겠다는 협박이죠. 그것이 새 농장 주인의 성공 비결이었던 것입니다. 세상은 우리에게 많은 것을 요구하지 않습니다. 'No'를 뒤집어 보면 'On'이 됩니다. 중단을 뜻하는 부정이 진행형인 긍정으로 바뀌는 거죠. 빌 게이츠는 말했습니다. "나는 힘이 센 강자도 아니고, 그렇다고 두뇌가 뛰어난 천재도 아닙니다. 날마다 새롭게 변했을 뿐입니다. 그것이 나의 성공 비결입니다. Change(변화)의 g를 c로 바꿔 보세요. Chance(기회)가 되지 않습니까? 오늘 당장 당신 주변에 한 가지만 바꾸어 보세요. 내가 변해야 세상도 변합니다.

안 되는 일 없다

"벼룩의 간을 빼 먹는다는 말이 있습니다. 그럼 어떻게 벼룩의 간을 빼어 먹을까요?"
"일단 벼룩을 놀라게 하면 됩니다. 그럼 놀라서 간이 콩알만 해지겠죠. 그때 빼 먹으면 됩니다."

불가능한 일은 없다는 것입니다. Impossible을 살펴보세요. 점 하나만 제대로 찍으면 I'm possible이 되잖아요. 여러분은 오늘 어떤 어려운 일에 직면해 있습니까? 점 하나만 잘 찍어 보세요. 그럼 불가능이 가능으로 변합니다. 불가능하다고 말하는 것을 고질병이라고 한다면, 점 하나 제대로 찍는 것은 '고칠병'이 아닐까요? 역시 점 하나의 차이입니다.

잭 캔필드가 전해 주는 공식을 믿어 보세요. E+R=O. 즉, '사건(Events)+반응(Response)=결과(Outcome)'라는 것입니다. 어떻게 반응하느냐에 따라 결과는 달라질 수 있습니다. 긍정의 반응만큼 중요한 게 있을까요? 이번 주에는 마음을 밝게 하고 유연하게 하는 멘탈 피트니스(Mental Fitness)에 도전해 보세요. 뇌와 마음, 정신이 한결 부드러워질 겁니다.

알프스 산맥을 넘은 이유는?

나폴레옹은 왜 많은 사람들이 반대하는데도 불구하고 힘난하고 위험하기 짝이 없는 알프스 산맥을 넘어야 했을까?
대답은 간단하다.
"터널이 없었으니까."

나폴레옹이 알프스 산맥을 넘으려 한다는 소식을 듣고 영국과 오스트리아 군대는 경멸로 냉소했다고 합니다. 그곳은 지금까지 어떤 수레도 넘지 못한 힘난한 지역이었기 때문이죠. 게다가 나폴레옹은 엄청난 수의 군대를 이끌고 있었습니다. 운반해야 할 전쟁 물자도 굉장히 많았습니다. 그러나 나폴레옹의 사전에는 불가능이란 없었습니다. 어쩌면 우직하게만 보이는 그는 도전하고 밀어붙임으로써 한 시대의 역사를 써 나갔습니다.

괴테는 말합니다. "성공은 두 글자로 되어 있다. 행동." 세상은 머리만 굴리는 사람을 승리자로 만들어 주지 않습니다. 요즘은 호연지기(浩然之氣)를 쌓는 젊은이가 없는 것 같아 안타깝습니다. 자판기나 두드리며 게임이나 인터넷에 빠져 있다면 인류의 미래가 걱정입니다. 걱정 말라고, 컴퓨터로 알프스 산맥을 넘는다고 항변하는 것은 아니겠죠. "위대한 업적을 이룬 것은 힘이 아니라 불굴의 노력"이라는 사무엘 존슨의 말을 귀담아 들을 필요가 있습니다.

파란만장

어떤 실직자 모임에서 강사 한 분이 열변을 토했다.
"여러분, 파란만장한 인생 되세요."
그랬더니 갑자기 신문지가 날아오고 당장 나가라고 청중들이 소리쳤다.
그러자 강사는 차분한 목소리로 말했다.
"파란만장이 무슨 뜻인지 아세요?"
아무런 답변이 없자 강사는 힘주어 말했다.
"파란 거 만 장이면 얼마죠. 일억이죠. 그러니 매일 파란 만장한 인생 되세요."

    위기(危機) 속에는 기회(機會)가 있습니다. 이것이 위기라는 단어의 의미이지요. 그러나 위기 속에서 기회를 볼 수 있는 마음의 눈이 있어야 합니다. 이것이 긍정의 마음입니다. 어떤 감옥에 두 명의 죄수가 갇혀 있었습니다. 한 죄수는 창밖을 내다보며 사람들이 밟고 지나간 진흙탕을 바라보며 자신의 신세만 탓했습니다. 그러나 다른 죄수는 창밖에 비치는 하늘의 별빛을 바라보며 희망을 품었지요. 길을 걷다 걸려 넘어지게 만드는 돌부리는 분명 걸림돌입니다. 하지만 그 돌부리를 더 멀리 갈 수 있는 디딤돌로 삼는 자가 성공할 수 있습니다.

재치 9단

강연회 시간이 임박했는데 강사가 도착하지 않았다. 시작해야 할 시간이 지났는데도 아무런 안내방송이 없자 수백 명의 수강생들이 술렁이기 시작했다.
때마침 강연장으로 허겁지겁 강사가 달려 들어왔다.
심상치 않은 분위기를 느낀 강사는 말 한마디로 청중을 웃음바다로 만들었다.
"버스 뒷자리에 앉았더니 늦었습니다. 여러분 앞으로 약속 장소에 나갈 때는 꼭 앞좌석에 앉으세요."

    강연자의 지각에 화가 나기는커녕 피식 웃음이 나오네요. 재치 있는 유머는 돌부처도 춤추게 한답니다. 때로는 유머가 생명을 구하기도 하죠. 옛날 어느 고을에 광대가 있었습니다. 그는 예언자적인 자질까지 갖추고 있어 고을 수령의 총애를 받았지요. 어느 날 광대는 그만 수령의 자존심을 건드렸습니다. 심히 불쾌했던 수령은 "내 저놈의 목을 당장 베리라."라며 화를 냈지요. "감히 저 같은 미천한 놈이 수령님을 욕보이게 하다니요. 천부당만부당한 일이옵니다. 분노를 거두어 주십시오."라며 광대가 싹싹 빌자, 누그러진 수령은 "네놈이 예언을 잘하고 길흉화복을 점치니 마지막 기회를 주겠다. 네놈은 언제 죽을 것 같으냐?" 하고 물었습니다. "아뢰옵기 황송하오나 저는 수령님보다 딱 하루 전에 죽습니다." 이 말을 듣고 겁에 질린 수령은 그를 풀어 주고 말았답니다. 호랑이에게 잡혀 가도 호랑이를 웃기면 산다고 합니다. 나를 살리는 유머를 연마하세요.

행동이 답이다

"처음이자 마지막으로 바다를 건너간 버스는?"
"콜럼버스."

    콜럼버스 하면 제일 먼저 떠오르는 것이 있습니다. 신대륙 발견이 아니라 그걸 가능하게 했던 사건이지요. 바로 달걀 세우기입니다. 그가 동료들에게 달걀을 세워 보라고 했지만 아무도 세우지 못했습니다. 하지만 그는 달걀을 깨트려 세웠지요. 그러자 그들은 콜럼버스에게 "사기꾼 같은 놈아. 그걸 누가 못해." 하며 비난했지요. 그러자 콜럼버스는 "그런데 왜 당신은 못했소?" 바로 이것이 콜럼버스와 동료들의 차이입니다. 누구나 달걀을 깨트려 세울 수는 있지만, 시도했던 사람은 콜럼버스 한 사람이었습니다.
    요즘 창조경영이니 상상경영이니 하는 말들이 유행합니다. 하지만 창조나 상상은 어려운 남의 일이 아니라 누구나 할 수 있는 것이지요. 그저 발상의 전환만 할 수 있다면요. 아무리 많은 아이디어를 갖고 있어도 실행하지 않는다면 죽은 생각일 뿐입니다. 거창한 무언가를 기다리지 마십시오. 지금 머릿속 생각을 당장 행동으로 옮기세요. 비난받을까 두려워할 필요 없습니다. 언젠가 그 실수가 디딤돌이 될 테니까요. 실수가 아니라 실험이라는 사실을 기억해야 합니다.

4장
소통을 향상시키는 유머

웃으면 사람의 몸과 마음을 이롭게 하는
온갖 경이로운 일들이 일어난다.
― 앤드류 매튜스

엇박자 소통

어느 가정에서 부부 싸움이 벌어졌다.
쉽게 화가 가라앉지 않은 남편은 잠자리에 들면서 아내에게 메모를 남겼다.
"내일 아침 사장님 모시고 지방 출장 가야 하니 다섯 시에 깨워 줘."
그런데 다음 날 아침 남편이 일어나 보니 평소처럼 일곱 시가 넘었다.
남편은 아내에게 화를 내며 말했다.
"벌써 일곱 시잖아! 다섯 시에 깨워 달라니까?"
그러자 아내는 침대 위를 가리켰다.
거기에는 메모지가 있었는데 이렇게 쓰여 있었다.
"여보, 다섯 시야. 어서 일어나!"

　　소통의 법칙은 간단합니다. 가까운 사람과 소통이 잘되면 다른 사람과는 저절로 이루어진다는 거죠. 『논어』에 근자열 원자래(近者說 遠者來)라는 말이 있습니다. 가까이 있는 사람을 즐겁게 하면, 멀리 있는 사람은 소문을 듣고 찾아온다는 뜻입니다. 반대로 가까이 있는 사람을 홀대하면 멀리 있는 사람이 찾아오지 않는다는 뜻도 숨어 있지 않을까요. 남에게는 친절하면서 가족에게는 함부로 대하기가 쉽지요. 그런데 가까이 있는 사람에게 인심을 잃은 사람이 멀리 있는 사람에게 좋은 평가를 받을 수 있을까요? 소통이 힘들게 느껴진다면 주위를 둘러보세요. 그리고 가까이에 있는 사람들을 즐겁게 해 주는 겁니다. 부실기친(不失其親)이라는 말도 있습니다. 가까운 사람을 잃지 말라는 뜻입니다.

말(馬)보다도 못한 말(言)

아이들을 우습게 여기고 빈정대기 좋아하는 어떤 선생님이 있었다.
기분이 좋지 않은 날은 아이들을 무시하는 발언으로 학생들의 빈축을 사기 일쑤였다.
"우리 반에 혹시 멍청이가 있다면 일어나 봐."
아무도 일어나지 않았으나 한참 만에 한 학생이 일어섰다. 그 모습을 보고 선생님은 물었다.
"너는 어째서 자신이 멍청이라고 생각하지?"
그러자 그 학생은 이렇게 말했다.
"저는 사실 제가 멍청하다고 생각하지는 않습니다. 다만 선생님만 혼자 서 있는 모습이 안쓰러워서요."

　옛날부터 십년수목(十年樹木)이요 백년수인(百年樹人)이라 했습니다. 나무는 십년을 내다보고 심고, 교육은 백년을 내다보고 하라는 말이지요. 말은 나무를 기르는 물과 같습니다. 어떤 물을 빨아 먹고 자라느냐에 따라 그 나무의 색깔과 모양이 달라집니다. 뿌리를 깊게 내리고 알차게 가지를 뻗어 나가는 건강한 나무로 가꾸어 가야겠지요. 사람도 마찬가지입니다. 인재를 길러 내는 데 있어 한마디 말은 얼마나 놀라운 힘이 되고 양식이 되겠습니까? 어른들이 무심코 뱉은 말 한마디가 아이의 뿌리를 썩게 할 수 있습니다.
　능력이 부족한 게 아니라 소통 기술이 부족하여 후회하는 경우가 허다합니다. 그래서 만사소통이라 하는 거 아닐까요. 소통이 제대로 안 되면 머리 뜯긴다는 걸 기억해야 합니다.

밀라고유?

한 미국인이 충청도 지방을 여행하다 이발소를 찾았다.
당황한 이발사는 영어를 못해 어찌 할 바를 몰랐다.
잠시 망설이다 그는 충청도 사투리로 이렇게 말했다.
"왔시유?"
그러자 미국인은 서투른 영어로 "What see you?"라고 묻는 줄 알고 이렇게 답했다.
"Mirror."
이번에는 이발사가 그냥 밀라는 줄 알고 그의 머리를 박박 밀어 버렸다.

　소통이 성공과 행복의 통로인 거 아시죠? 그래서 서로 通(통할 통)하지 못하면 痛(아플 통)할 뿐입니다. 한때는 침묵을 지키는 것이 금처럼 소중하다 하여 "Silence is gold."라 했습니다. 그런데 요즘은 "Silence is cold."라고 합니다. 침묵만을 고수하면 소통이 이루어지지 않기 때문에 서로를 이해할 수 없고 관계가 차갑게 얼어붙는다는 것이지요. 존 밀턴은 "의사소통을 잘하면 잘할수록 이익은 더욱 커진다."고 말했습니다. 당신은 다른 사람과 잘 통하는 사람입니까? 소통을 잘해야 운수대통할 수 있답니다.

동문서답

한 부부가 결혼 10주년 기념으로 한적한 레스토랑으로 외식을 하러 갔다.
자식을 떼 놓고 오랜만에 레스토랑을 찾은 부부는 신혼 기분을 즐길 참이었다.
이들은 한창 사랑이 물올라 데이트하던 시절 즐겨 먹던 돈가스를 시켰는데, 음식보다 더 황홀한 것이 있으니 바로 음악이었다.
잔잔하게 울려 퍼지는 곡에 취해서 아내는 할 말을 잊었다.
마침 웨이터가 다가오자 아내는 용기를 내어 물었다.
"저기, 저……."
"손님, 뭐 필요한 게 있습니까?"
"네, 이 곡이 무슨 곡인지 알 수 있을까요?"
웨이터는 한심하다는 듯 내뱉었다. "돼지고기인데요."

경청이 강조되는 이유가 무엇인지 단적으로 보여 주는 유머입니다. 그저 귀로만 듣고 머리에 말의 의미가 도착하기 전에 돼지 같은 소리를 내면 좀 찜찜하죠. 그러니 소통 문제로 골머리 앓는 세상이 되어 버렸다고 한탄하는 거 아닐까요? 그래서 동문서답(東問西答)이라는 말이 있습니다. 말뜻을 모르고 하는 엉뚱한 대답 말입니다. '귓구멍에 마늘쪽 박았나' 하는 속담이 떠오릅니다. 이청득심(以聽得心)이라는 말도 있습니다. 들음으로써 상대의 마음을 얻는다는 뜻이죠. 아름답게 울려 퍼지는 음악을 돼지곡이라고 외쳐서는 늘 소통이 안 되고 혼자 외롭게 사는 꼴이 되지 않을까요? 그러니 소리만 듣지 말고 의미를 들을 수 있는 경청의 자세가 요구됩니다.

곰과 사람의 차이

한 외국인이 길을 잃었다.
한참을 헤매다 지나가는 젊은이에게 길을 물었다.
하필 성품이 돼먹지 못한 그 젊은이는 심한 욕을 했다.
"아이, 씨팔롬이!"
그런데 그 외국인이 웃으며 따라 왔다.
젊은이는 더 세게 "아이, 씨팔롬이!" 하며 빠르게 달아났다.
그런데 외국인은 더 빨리 쫓아오는 게 아닌가.
알고 보니 그 외국인은 젊은이의 말을 영어로 알아들었던 것이다.
"I see, follow me(날 따라 오세요)."

곰과 사람의 차이는 무엇일까요? 곰은 쓸개 때문에 죽고 사람은 혀 때문에 죽는다는 거죠. 당신의 혀는 건강합니까? 무심코 내뱉은 말 한마디가 상대방과의 사이에 벽이 되기도 하고 평생 교류할 수 있는 다리가 되기도 하죠. 또한 천 냥 빚을 갚을 수도 있지만, 천 냥 빚을 지기도 합니다. 그러니 나 중심의 말이 아니라 상대방 중심의 말을 하는 습관을 가져야 합니다. 말은 사람을 만들고, 사람은 말을 만든다고 하잖아요. 우리 사회에서 벌어지는 우발 범죄의 절반 이상이 말에서 비롯되었다 합니다. 말 한마디가 얼마나 무섭고 또 무거운 건가요. 예수님이 말씀하셨습니다. "네 말로 의롭다 함을 받고 네 말로 정죄함을 받으리라"(마태복음 12장 37절). 즉, '네가 한 말에 따라 너는 의롭다고 선고받기도 하고, 네가 한 말에 따라 너는 단죄받기도 할 것이다.'라는 말씀입니다.

123 화법

어느 수영장에서 모델처럼 아름다운 아가씨가 수면 위로 얼굴만 내밀며 친구에게 큰소리로 말했다.
"글쎄 말이야, 내 수영복을 잃어 버렸지 뭐야!"
이 말이 떨어지기가 무섭게 십여 명의 건장한 청년들이 물속으로 뛰어드는 등 한바탕 소동이 벌어졌다.
잠시 후 그녀는 친구에게 말했다.
"그래서 동생 거 빌려 입고 왔어!"

여러분은 남의 말을 얼마나 경청합니까? 이청득심(以聽得心), 즉 상대방의 말을 귀 기울여 들으면 마음을 얻을 수 있다고 했습니다. 귀 기울여 듣는다는 것(聽)은 임금(王)의 귀(耳)와 열(十)개의 눈(目) 그리고 하나(一)의 마음(心)으로 듣는 것을 말합니다. 임금님처럼 커다란 귀로 집중하고, 상대의 표정과 눈빛, 태도 등을 살펴야 하며, 상대와 한마음이 되어야 진정으로 귀 기울여 듣는 것이라는 의미이지요. 그래서 공자님은 말을 배우는 데는 2년이 걸리지만, 듣는 데는 60년이 걸린다고 했습니다. 경청은 상대에 대한 배려이자 소통의 비결입니다. 오늘은 상대의 말이 끝날 때까지 경청해 보면 어떨까요?

123 화법이 있습니다. 나의 이야기는 1분 이내에 끝내고, 상대방이 2분 이상 말하도록 유도하고, 3번 이상 맞장구 쳐 주는 대화법입니다.

소원을 들어 주는 음식

가장 무서운 음식은? "산채비빔밥."

신이 내린 음식은? "갓김치."

전주비빔밥보다 신선한 밥은? "이번주비빔밥."

사람의 소원을 들어 주는 음식은? "죽. 죽은 사람의 소원도 들어 주니까."

유럽인들이 즐겨 먹는 음식은? "EU식."

가장 긴 음식 이름은? "참기름."

어부가 운영하는 바는? "어부바."

술 마시고 나서 절대 먹어서는 안 되는 것은? "들깨."

　어이아이(於異阿異)라는 고사성어가 있습니다. '어' 다르고 '아' 다르다는 의미입니다. 그래서 한국말은 끝까지 들어 봐야 안다고 하잖아요. 이런 특징이 유머의 소재가 되기도 하지요. 받침, 띄어쓰기, 발음 하나에 의미가 뒤바뀌어서 웃음을 주기도 합니다.

진짜 고객 감동

어느 기업에서 고객만족 회의가 열리고 있었다.

사장은 직원들에게 돌아가며 질문했다.

"박 과장은 고객을 어떻게 만족시켜야 한다고 보는가?"

"네, 제 경험으로는 고객의 니즈를 파악해 충족시켜 줘야 합니다."

"그러면 송 대리는?"

"저는 감동시킬 수 있는 아이디어를 개발해 나가는 일이 중요하다고 봅니다."

"그렇다면 매장에 근무하는 임 지배인의 생각은 어떤가?"

"졸도시키는 일입니다."

모두 한바탕 웃음을 터트렸다. 이때 주부사원 한 사람이 끼어들었다.

"사장님, 진짜 만족은 그런 게 아닙니다."

"그럼 뭔가? 말해 보시오."

"고객을 오르가슴에 이르게 하는 겁니다."

아침회의 시간에 이처럼 유머파티를 여는 기업이 늘어나고 있습니다. 딱딱한 회의보다 유연한 회의가 창의성을 자극할 수 있는 이점이 있지요. 회의 테이블도 원탁으로 꾸며서 외부 사람이 보면 누가 사장이고 누가 말단인지 알 수 없을 정도입니다. 이처럼 서열을 뛰어넘는 커뮤니케이션 문화가 회사를 창의적인 조직으로 만듭니다. 부처님은 "말에는 파괴하거나 치유하는 힘이 있다. 진실하고 친절한 말이 세상을 변화시킨다."고 말했습니다. 조직의 문화는 작은 말 한마디에서 결정됩니다.

상황에 맞는 말 하기

20년 만에 고향에 내려간 사람이 있었다.
그는 길을 걷다가 옛날에 뵈었던 할머니를 만났다.
반가워서 어쩔 줄 몰라 하던 그는 할머니 손을 잡고 말했다.
"할머니, 아직도 살아 계세요?"

아무리 말이 고와도 상황을 벗어나면 상대에게 실례가 될 수 있습니다. 한 직장인이 상사 부모님 상에 조문을 가게 되었습니다. 그는 고인에게 절을 올리고 돌아서서 상주인 상사를 보더니 어떻게 위로를 해야 할지 몰랐지요. 잠시 망설이다 이렇게 말했습니다. "부장님, 오랜만입니다." 뭔가 어울리지 않는다고 생각하며 나오는데 부장이 따라 나오면서 "와 줘서 고맙네. 그럼, 다음에 또 오게."라고 했지요. 상황을 고려하지 않은 데서 오는 실수입니다. 한 번 더 생각하고 말했다면 이런 실수는 하지 않았겠지요. 마찬가지로 아무리 재미있는 유머도 적절한 상황에서 사용해야 합니다. 그래야 상대가 유머로 받아들일 수 있답니다.

대화의 ABC 원칙이 있습니다. 적절하게 다가가서(Approach), 신뢰의 다리(Bridge)를 놓고, 상대에게 맞춤식(Customized) 언어를 구사하면 효과적으로 대화할 수 있습니다.

취중 대화

어떤 사람이 퇴근길에 20년 만에 친구를 만났다.
너무도 반가웠던 두 사람은 술집으로 직행했다.
얼큰하게 술이 취한 두 사람이 밖으로 나왔을 때는 이미 새벽에 가까웠다.
마치 하늘에는 쟁반처럼 둥근 보름달이 떠 있었다.
이를 보고 한 친구가 말했다.
"야, 오늘 밤 태양이 멋지게 떠 있구나!"
그러자 다른 친구가 저게 무슨 태양이냐며 보름달이라고 말했다.
두 친구는 서로 자신이 옳다며 우겨댔다.
그때 마침 한 사람이 지나가고 있었다.
그들은 그 사람에게 물어보자고 했다.
"아저씨, 저기 떠 있는 게 태양인가요, 보름달인가요?"
그러자 그는 이렇게 말했다.
"글쎄요, 전 이 동네에 살지 않아서 모르겠는데요."

모두 자신의 말만 하는군요. 의사소통을 함에 있어 말을 하는 것만큼 상대의 말을 잘 듣는 것이 중요합니다. 한 기자가 테레사 수녀에게 이렇게 물었다고 합니다. "수녀님은 기도할 때 뭐라 말하세요?" 그러자 그녀는 듣기만 한다고 말했죠. "그럼, 하느님은 뭐라 말씀하세요?" 이번에도 수녀님은 이렇게 말했습니다. "그분도 듣기만 합니다." 하고 싶은 말을 아끼고, 상대의 말을 조금 더 들어 주세요. 진정한 대화는 공감할 때 이뤄지니까요.

방귀소리 크게 하는 약

평소에 귀가 잘 들리지 않는 사람이 병원을 찾았다.
"의사 선생님, 제 귀에 이상이 있나 봐요."
"왜죠?"
"잘 안 들려요."
"어느 정도나 심각하죠?"
"요즘 들어서는 제 방귀 소리조차 잘 들리지 않아요."
잠시 후 의사는 처방전을 주며 말했다.
"그러면 식후에 이 알약을 꼭 세 알씩만 복용하십시오. 금방 효과가 나타날 겁니다."
"그럼 잘 들리나요?"
"아닙니다. 방귀 소리를 크게 하는 약입니다."

"모든 분쟁의 원인은 99%가 커뮤니케이션의 부족에서 비롯된다."고 러셀 웹스터는 말합니다. 무심코 던지는 말 한마디가 신뢰의 다리가 될 수 있지만, 자칫 상대와 나를 가로막는 벽이 될 수도 있지요. 소통이 이루어지지 않으면 고통이 생기기도 합니다. 상대의 마음을 읽지 못하면 늘 자기 방식을 고집하게 됩니다. 진정한 소통이란 입에서 나오는 소리를 귀로 듣는 것이 아니라, 마음에서 나오는 소리를 마음으로 듣는 것을 의미합니다. 그러니 상대의 마음에 귀 기울이는, 즉 공감하고자 하는 경청의 자세가 요구됩니다. 요즘 우리 사회는 이러한 공감의 부재로 많은 어려움을 겪고 있는데, 이는 겉으로 울려 퍼지는 소리만 듣기 때문입니다.

위기 극복

어느 공원에 이런 경고가 붙어 있었다.
"여기서 침 뱉으면 10만 원 벌금입니다."
그런데 어느 신사가 실수로 침을 뱉었다. 그러자 공원 관리원이 다가오더니 말했다.
"벌금 10만 원 내셔야 합니다."
그러자 신사는 깜짝 놀라 물었다.
"왜 내가 그런 돈을 내야 합니까?"
공원 관리원은 경고문을 가리키며 "여기서 침 뱉으면 10만 원 벌금"이라고 말했다.
신사는 죽어도 침을 뱉지 않았다고 우겼다. 그러나 공원 관리원은 증거를 들이대며 따졌다.
"그럼, 이 침은 당신이 뱉은 게 아니고 뭡니까?"
그러자 신사는 웃으면서 이렇게 말했다.
"이건 흘린 건데요!"

여러분은 난처한 상황에 처하면 어떻게 의사를 표현합니까? 위의 신사가 끝까지 침을 뱉지 않았다고 우기기만 했다면 어떤 결과가 있었을까요? 프로이트는 "유머의 성공은 메시지보다는 전달 방법에 달려 있다."고 말합니다. 어떤 상황에서도 상대방의 웃음을 끌어내는 유머가 있다면 이게 세상을 내 편으로 만드는 비결이 아닐까요? 말콤 쿠슈너의 말처럼 "유머는 가장 강력한 커뮤니케이션 도구"이니까요. 그래서 유머는 곧 설득의 강력한 도구라 하는가 봅니다.

흥분돼

흥부가 놀부 형님 댁으로 밥 얻으러 갔다가 형수한테 매를 맞았습니다.
그 이유가 흥부와 형수님의 대화에 있습니다.
흥부를 본 형수가 "넌 뭐야?" 하고 묻자 흥부는 이렇게 말했습니다. "흥분돼."
그러자 형수는 주걱으로 볼을 때리며 말했습니다. "뭐라? 형수보고 흥분된다고?"
더 이상 배가 고파 참을 수 없었던 흥부는 다음 날 아침 다시 밥을 얻어먹으러 형수에게 갔습니다. 형수는 다시 이렇게 소리쳤습니다. "이놈이 아침부터 왜 또 왔어?"
그러자 흥부는 이렇게 말했습니다. "사정할 일이 있어서요."
그러자 형수는 심하게 소리치며 매질을 했습니다.
"뭐라? 이제는 형수한테 사정한다고?"

　형수의 입장에서 생각하면 흥부가 매 맞은 이유도 한편으로는 수긍이 되는군요. 듣기에 따라서는 오해의 소지가 있으니 말입니다. 어느 아이스크림 가게에 조폭처럼 무섭게 생긴 손님이 찾아왔습니다. 알바생은 무서워서 평소보다 아이스크림을 많이 퍼 주었죠. 그런데 그 손님은 큰소리로 이렇게 말하는 것이었습니다. "더 퍼 줘요." 손을 떨면서 아이스크림을 더 얹어 주었으나 손님은 여전히 더 퍼 달라고 말했습니다. 알바생은 손을 덜덜 떨며 아이스크림을 듬뿍 퍼 주었죠. 그런데 그 손님은 어이없다는 듯 이렇게 말하는 것이었습니다. "뚜껑 덮어 달라니까!" 손님 입장에서는 알바생의 행동이 이해가 되지 않았겠지요. 상대방의 말을 제대로 듣는 기술이 필요한 때입니다.

말실수

어떤 부인이 처음으로 문자 보내는 방법을 익혀 남편에게 이렇게 보냈다.
"여보, 사랑해!"
일터에서 아내의 문자를 받은 남편은 즉시 문자를 보냈다.
그런데 문자를 받아 본 아내는 울고불고 난리가 났다.
남편이 보낸 문자는 이것이었다.
"여보, 사망해!"

　마~알이 줄어들어서 '말'이지요. 그렇다면 '마+알'이란 무엇일까요? '마음속의 알맹이'입니다. 그래서 말실수는 상처를 주기도 하죠. 이 알맹이를 미세한 모래 알갱이처럼 부드럽게 사용하면 마음이 따뜻해지겠지요. 그런데 모난 자갈처럼 제멋대로 사용한다면 어떨까요? 마음에 생채기를 만들겠지요. 계속 모난 알맹이 같은 말을 사용한다면 상처에 딱지가 앉기도 전에 피고름이 생길지도 모릅니다. 나는 모래 같은 부드러운 말을 듣고 싶은지, 자갈처럼 상처를 만드는 말을 듣고 싶은지 생각해 보세요. 듣고 싶은 말로 말하세요.

가려듣기

거지 신세가 된 두 노인이 공원에 앉아 이야기를 나누었다.
한 노인이 말했다.
"난 남의 말을 귀담아 듣지 않다 보니 이 모양 이 꼴이 되었소."
그러자 다른 노인은 이렇게 말했다.
"난 남의 말만 듣다 보니 이 모양 이 꼴이 되었소."

옛말에 良藥苦於口 而利於病, 忠言逆於耳 而利於行(양약고어구 이리어병, 충언역어이 이리어행)이라고 했습니다. 좋은 약은 입에는 쓰나 병에는 이롭고, 충성스러운 말은 귀에 거슬리나 행함에는 좋다는 뜻이지요. 하지만 듣는 사람 입장에서는 좋은 말이나 나쁜 말도 자신에게 맞는 말만 가려들어야 합니다. 남의 말에 줏대 없이 흔들리면 안 된다는 것이지요. 마찬가지로 말을 하는 사람도 상황에 따라 말을 가려 해야 합니다. 아무리 이로운 말이라도 상대가 좋게 받아들이지 않는다면 의미가 없기 때문이지요. 흔들리지 않는 자신만의 주관을 가져야 합니다.

말의 전염성

어느 초등학교에서 산수 시간에 선생님이 간단한 수학 문제를 냈다.
"하나 더하기 하나는 몇이지?"
모든 아이들이 손을 드는데 유독 한 아이만 손을 들지 않고 있었다.
선생님은 그 아이에게 다가가서 물었다.
"너는 왜 손을 안 드는 거야? 그것도 모르는 거야?"
선생님은 화가 나서 이렇게 소리쳤다.
"이 밥통아! 너하고 나하고 합하면 얼마냐니까?"
잠시 후 아이는 머리를 긁적거리더니 이렇게 말했다.
"밥통 두 개입니다."

졸지에 선생은 밥통이 되어 버렸습니다. 이것이 말의 전염성이죠. 조엘 오스틴은 "말은 자신에게 하는 예언"이라고 말합니다. 가능한 한 서로에게 힘이 되고 비전을 심어 주는 언어를 사용한다면 어떨까요? 인간은 언어적인 동물이라고 하잖아요. 당신이 하는 말이 곧 당신 자신입니다. 말은 우리의 혼을 담는 그릇입니다.

마이동풍

어떤 환자가 수술대에 올랐다.
천장에 걸린 수술 도구와 가운을 입고 돌아다니는 의사를 보자 그는 두려워 어찌할 바를 몰랐다.
드디어 마취에 들어갈 무렵 그는 의사를 붙잡고 애원하듯 말했다.
"선생님, 전 이번 수술이 처음이라 두려워요."
그러자 의사는 아무렇지도 않다는 듯 말했다.
"사실은 저도 첫 수술이거든요."

　마이동풍(馬耳東風)은 이럴 때 쓰는 말입니다. 이 의사는 환자의 말을 귀담아 듣지 않고 한 귀로 듣고 한 귀로 흘려 보냈군요. 환자가 수술이 무섭고 두려워 애원하듯이 위로를 받으려 했는데 의사도 처음이라 무섭다고 하니 이 얼마나 황당한 사건인가요. 인간의 귀는 세 개로 이어져 있다고 합니다. 외이(外耳), 중이(中耳), 내이(內耳)이지요. 외이로 듣는 사람은 상대의 말소리만 듣는 사람이요, 중이로 듣는 사람은 듣기는 듣되 깊이 있게 듣지 못하는 사람입니다. 상대방의 말을 제대로 들으려면 내이로 들어야 합니다. 그래야 진정한 의미까지 나눌 수 있기 때문이지요. 여러분은 어느 귀로 듣고 계신가요?

감정 표현

고양이와 강아지가 카드 게임을 했는데, 늘 고양이가 이기고 강아지는 한 번도 이기지 못했다.
강아지가 자존심을 버리고 어느 날 고양이에게 비법을 물었다.
"넌 어떻게 하길래 늘 나를 이기니?"
그러자 고양이가 말했다.
"별거 아냐. 넌 카드가 잘 들어오면 본능적으로 꼬리를 흔들잖아."

어느 동물이 더 감정 표현을 잘할까요? 당연히 강아지입니다. 강아지는 숨기는 것이 없습니다. 그래서 저는 강아지를 고양이보다 더 사랑합니다. 감정 표현이 진실하기 때문입니다. 좋은 패를 받으면 금세 신이 나 꼬리를 흔들어 대는 통에 고양이에게 들키고 말지만, 그것이 강아지가 사랑받는 이유이기도 합니다. 우리도 강아지를 곁에 두고 쓰다듬기만 할 것이 아니라, 강아지를 보면서 솔직한 감정 표현을 배워야 합니다.

감정을 숨김없이 표현한다는 것은 건강하다는 것이고, 균형 잡힌 삶을 살고 있다는 증거이기 때문입니다. 그래야 신뢰할 수 있는 소통 문화를 만들어 갈 수 있습니다. 이웃과 가까워지고 좋은 관계를 맺기 위해서는 이성이 아닌 감성으로 다가가세요. 게임에서 질 수는 있으나, 대신 사람을 얻게 되니 더 큰 소득이지요.

워따똥싸

"화장실이 어디 있습니까?"를 중국어로 하면?
"워따똥싸!"

궁하면 통한다 했으니 무슨 말이든 통하면 되지 않겠습니까. 그런데 외국을 여행하다 보면 누구나 화장실 문제로 고민하는 경우를 한두 번쯤은 겪게 됩니다. 어느 시골 청년이 처음으로 외국에 여행을 갔습니다. 물론 영어를 잘할 리가 없었죠. 가이드는 이런 분들을 위해 화장실 갈 때 어찌하면 좋은지를 알려 주었습니다. "영어로 Gentleman 하면 남자 화장실이고 Lady 하면 여자 화장실입니다. 그냥 길면 남자고 짧으면 여자니까 그렇게 아세요." 그런데 한참 지나서 그 청년이 눈탱이가 밤탱이가 되어 나타났습니다. 가이드가 그 이유를 묻자 영어로 긴 것은 남자라 해서 들어갔는데 수도 없이 맞았다는 겁니다. 가이드는 흥분하며 그 화장실을 찾아갔습니다. 그런데 그 화장실에는 이렇게 남녀 표시가 되어 있었습니다. Woman과 Man. 아뿔싸! 뭘 알아야 워따똥쌀지 알 게 아닌가.

오일장

어느 초등학교 선생님이 시골 산골 마을로 부임했다.
그는 국어 시간에 글짓기를 가르치면서 아이들에게 물었다.
"혹시 백일장 나가 본 어린이 있으면 손들어 보세요."
그런데 아무도 손을 드는 사람이 없었다.
선생님은 실망하여 다시 물었다.
"그럼 아무도 백일장에 나가 본 사람이 없다는 거니?"
그러자 뒤에 앉아 있던 한 아이가 손을 들며 말했다.
"선생님, 전 오일장밖에 안 나가 봤는데유."

    선생님은 그 아이가 장난친다고 생각하여 홧김에 머리를 쥐어박았습니다. 하지만 이런 경우 아이에게 장난기가 있는 것이 아니라 선생님의 태도에 문제가 있음을 알 수 있지요. 산골 아이들에게는 백일장보다 오일장이 훨씬 친숙한 단어일 테니까요. 오일마다 시내에서 열리는 장날이 아이들에게는 손꼽아 기다려지는 축제였는지도 모릅니다. 아이들의 생활 환경을 제대로 이해하지 못한 선생님의 실수입니다. 경청은 나를 중심으로 귀를 열어 두는 것이 아니라, 상대를 중심으로 듣는 것입니다.

유머광고 시리즈

변비약 광고
"확실히 싸게 해 드립니다."

입시학원 광고
"재수 없게 만들어 드립니다."

성형외과 광고
"어머니 날 낳으시고 원장님 날 만드셨네."

유머 한 마디가 백 마디 말을 이긴다는 말이 있습니다. 하루에 수백 건의 광고를 접하면서 살아야 하는 광고 공해시대에 이 얼마나 재미있는 유머 광고입니까. 광고 공해 속에서 오랜만에 마음에 와 닿는 신선한 문구처럼 들립니다. 세침우면(細針牛眠)이라는 말이 있습니다. 작은 침 하나로 소를 잠들게 한다는 겁니다. 어떤 이는 도끼로 소를 잡지만, 유능한 백정은 바늘 하나로 소를 고통 없이 잡습니다. 유머가 바로 이런 힘을 발휘하지 않을까요. 게다가 재미있으면 오래 기억된다고 하니 유머 광고는 피로사회를 살아가는 사람들에게 신선한 느낌마저 줍니다.

열받으면 진다

인류의 기원에 대하여 두 사람이 열띤 토론을 벌였다.
"조물주가 인간을 흙으로 만든 게 확실해."
"하지만 증거 있어? 증거 있으면 대 봐."
"열 받으면 뜨거워지잖아."
그러자 한 사람이 소리치며 말했다.
"세상에 그런 논리가 어디 있는가? 헛소리 말게."
그러자 다른 한 사람이 점잖게 말했다.
"당신이 증거야. 지금 열 받고 있잖아."

    논쟁에서 이기는 길은 절대로 흥분하지 않는 것입니다. 흥분은 자신의 약점을 상대에게 제공하는 실수이기 때문이지요. 화가 나면 생각이 정리되지 않고 말도 제대로 나오지 않지요. 아무리 옳은 의견이라도 논리적으로 설명할 수도, 반박할 수도 없으니까요. 또한 흥분하면 목소리만 커지고 대화가 부드럽게 이어지지 않습니다. 목소리가 크다고 무조건 이기는 것은 아니잖아요. 성공적인 커뮤니케이션은 부드러운 상황에서 이루어진답니다. 그래서 유능제강(柔能制剛)입니다. '부드러움이 강함을 이긴다.'

신의 뜻이라면

어떤 할아버지가 버스를 타고 가는데 급정거하는 바람에 그만 바닥에 넘어지고 말았다. 할아버지는 점잖게 한마디 했다.
"신이시여, 지금 저를 시험하시나이까?"
잠시 후 다시 버스가 급정거했는데, 순간 예쁜 아가씨가 할아버지 앞에 쓰러졌다. 이 순간을 놓칠세라 할아버지는 웃으면서 크게 소리쳤다.
"신이시여, 정녕 당신의 뜻이라면 받겠나이다!"

인간은 합리화의 선수이죠. 이 분야에서 인간을 따를 동물은 없을 것입니다. 그런데 이 합리화라는 것이 정당성을 벗어나면 자기중심이 됩니다. 꿈보다 해몽에 집착하면 유불리에 따라 살게 됩니다. 현실을 있는 그대로 받아들이고 대처해 나가는 지혜가 필요하지 않을까요. 잘되면 제 덕이고, 못 되면 조상 탓이라는 말도 똑같은 뜻입니다. 지구가 탄생한 이래도 똑같은 날씨는 하루도 없었습니다. 46억 년 동안이나 말이죠. 매일 똑같이 맑은 날만 이어진다면 지구는 결국 사막이 되었을 것입니다. 길흉화복을 있는 그대로 받아들이고 대처하는 것, 그것이 신의 뜻 아닐까요.

똥이 차야 가지요

출발 시간이 지났는데도 버스가 출발하지 않았다.
이에 화가 난 어떤 신사가 소리쳤다.
"이 똥차, 왜 안 가는 거야?"
그러자 기사가 점잖게 한마디 했다.
"똥이 차야 가죠."

　운전사의 빛나는 일격이 아닐 수 없습니다. 그 신사는 스스로 자신을 똥에 비유한 꼴이 되고 말았습니다. 그러니 말을 가려서 해야 하지 않을까요. "귀로 망한 사람은 없어도, 입으로 망한 사람은 많다."는 말을 귀담아 들어야 합니다. 앞뒤 안 가리고 말하기를 좋아하는 사람들, 특히 사회 지도층에 있으면서 입만 살아 있는 사람들은 어쩌면 자신을 똥에 빗대어 떠들고 있는지도 모릅니다. 위의 유머를 통하여 '내가 던진 말은 반드시 메아리가 되어 내게 돌아온다.'는 진리를 깨닫게 됩니다. "이 금덩어리 차, 왜 안 가는 거야?" 이렇게 소리쳤다면 기사도 이렇게 응수했을 것입니다. "신사 분, 빛나는 금덩이가 차야 가죠." 결국 똥이 되는지, 금덩이가 되는지는 자신의 말에 달려 있습니다.

때와 장소

참된 목회자에게 감탄하며 어떤 분이 말했다.
"당신은 살아 있는 부처이시옵니다."

대머리에게 감사하다며 이렇게 말했다.
"당신이 참석해 주셔서 자리가 더욱 빛났습니다."

출소하는 전과자에게 간수가 이렇게 말했다.
"언제 한번 꼭 다시 들러 주게."

이런 말들은 상황에 따라 천차만별의 의미가 있습니다. 화상 입은 환자에게 병문안을 가서 이렇게 말한다고 생각해 보세요. "난 화끈한 사람을 좋아한다네." 때와 장소를 가려서 하는 것이 말의 기본입니다. 하지만 불쑥불쑥 말을 해 놓고 뒷감당을 못해 헤매는 경우를 너무나 자주 봅니다. 말 한마디로 촌철살인의 효과를 보아야 하는데, 촌철자살의 역풍을 맞는다면 분명 때와 장소를 가리지 못한 데 원인이 있습니다. "모든 이에게 때가 있습니다." 이 말을 목욕탕 주인이 하면 목욕하러 오라는 뜻입니다. "병든 자여, 다 나에게로 오라." 이 말을 엿장수가 하면 와서 엿 먹으라는 의미입니다. 때와 장소, 상황에 따라 말의 의미가 달라질 수 있음을 늘 명심해야 합니다.

IQ를 이기는 QI

사형장에 끌려 나온 사형수에게 집행관이 마지막으로 물었다.
"마지막으로 하고 싶은 말은 없는가?"
사형수는 고개를 떨군 채 아무 말이 없었다.
사형관이 다시 물었다.
"마지막으로 하고 싶은 말은 없는가?"
그러자 사형수는 힘겹게 입을 열었다.
"들어 주실 수 있습니까?"
집행관은 마지막 소원이니 반드시 들어 주겠다고 약속했다.
이 말을 듣던 사형수는 웃으면서 말했다.
"그럼, 살려 주세요."

    질문을 잘해야 리더십을 발휘할 수 있습니다. 그래서 20세기는 말하는 시대였다면, 21세기는 질문하는 시대라고 하지요. 핵심을 찌르는 질문의 힘이 효과를 발휘하기 때문입니다. 질문만으로도 상대를 제압하고 할 말을 다 할 수 있습니다. 그러나 '왜'라는 질문을 벗어던지고 '어떻게'라는 질문을 한다면 더 좋은 관계를 이어 갈 수 있습니다. '왜 못 해?', '왜 안 된다는 거야?'보다는 '어떻게 하면 될까?', '어떻게라도 해 보면 안 될까?'라는 식으로 바꿔 말한다면 상대의 답이 달라지는 것을 느낄 수 있습니다. 긍정적이고 변화를 요구하는 질문이 나를 성장하게 합니다. 질문이 곧 답이기 때문입니다. 그래서 IQ보다 더 중요한 게 QI(Question Intelligence)라고 합니다.

말의 씨

어떤 남자가 식당에서 여직원에게 물었다.
"여기 화장실이 어디냐?"
갑자기 반말을 들은 여직원은 불쾌했지만 이렇게 말했다.
"저기 신사용이라고 쓰여 있는 곳입니다."
그러면서 한마디 덧붙였다.
"하지만 그냥 쓰셔도 됩니다."

남자 손님은 이렇게 말 한마디로 자신의 품격을 떨어뜨렸습니다. 당신은 신사는 아니지만 그냥 신사용 화장실에서 볼일을 보라는 뜻 아닙니까. 뿌린 대로 거둔다는 말이 제법 어울리는 장면입니다. 흔히 손님들은 친절한 직원이 서비스를 잘할 것이라 믿지요. 하지만 직원의 입장에서는 친절한 손님에게 더 많은 서비스를 베풀고 싶은 법입니다. 좋은 대우를 받고 싶다면 좋은 태도를 먼저 갖추는 것이 순서입니다. 말은 언제나 부메랑이 되어 제 귀에 돌아온다는 것을 명심하세요. 말잔치만 늘어놓는 세상이다 보니 소통이나 공감이 문제라고 떠들어 댑니다. 시그널(Signal)은 없고 노이즈(Noise)만 들리기 때문입니다.

잘 봐 주세요

어떤 사람이 과속으로 달리다 교통경찰에게 적발되었다.

"과속입니다. 면허증 좀 보여 주십시오."

"제발 잘 좀 봐 주세요."

"지금 무슨 짓 하는 겁니까? 대한민국 경찰을 아직도 그렇게 봅니까?"

그러자 운전자는 웃으면서 이렇게 말했다.

"제 이름을 잘 봐 달라고 했는데요!"

　사람이 가장 듣고 싶어 하는 것은 무엇일까요? 데일 카네기는 '자신의 이름'이라고 말하였습니다. 경찰에게 잘 봐 달라는 말은 다른 뜻일 수도 있지만 재치 있게 이름을 들고 나온 것은 유머를 통한 위기 극복을 보여 주는 사례가 될 수 있군요. 그저 사장님, 선생님 하지 마시고 정확히 이름을 불러 보세요. 이름을 불러 준다는 것은 그 사람의 존재를 인정하고 가까워지기를 원한다는 메시지를 전달하는 것이죠. 지금 당장 만나는 사람의 이름을 부드럽게 불러 보세요. 그러면 그는 당신에게 더 큰 마음을 줄 것입니다. 호사유피 인사유명(虎死留皮 人死留名)이라 했습니다. 호랑이는 죽어 가죽을 남기고 사람은 죽어서 이름을 남긴다는데 살아서도 이름을 불러 주지 않는다면 죽어서 누가 불러 줄까요.

스트레스

루스벨트 대통령이 한 기자로부터 질문을 받았다.
"대통령께서는 스트레스를 받으면 어떻게 하십니까?"
"어, 나는 휘파람을 분다네."
"그런데 대통령께서 휘파람 부는 것을 본 사람이 없다는데요?"
"그야 아직 스트레스를 받은 적이 없으니까 그렇지."

스트레스는 우리 몸의 적입니다. 긍정적인 마음을 갉아먹고 심하면 암의 원인이 된다고 하지요. 암은 아(我)+ㅁ입니다. 나를 네모 속에 가두면 그것이 스트레스 덩어리로 뭉쳐 암(癌)이 된다는 것이죠. 스트레스를 받을수록 긍정적인 태도가 중요합니다. 어떤 환자가 신에게 울면서 기도했습니다. "신이시여, 정말 세상에 고치지 못하는 불치병이 있습니까?" 그러자 신이 대답했습니다. "암." 웃기 시작하면 몸 안에 쌓인 스트레스가 배출되고 건강이 청신호로 바뀝니다. 지금 당장 숨겨진 웃음을 찾아 파안대소(破顔大笑)해 보세요. 암을 극복하는 길, 건강으로 가는 길을 찾게 될 것입니다. 그래서 암을 극복한 사람을 강한 사람, 암스트롱이라 하나 봅니다.

거짓말 대회

어느 어른이 길을 가는데 골목길에서 꼬마들이 무언가를 가운데 놓고 둘러앉아 서로 다투고 있는 것이 보였다. "너희들, 왜 그리 싸우는 거냐?"
그러자 한 아이가 대답했다.
"이 핸드폰을 가장 큰 거짓말을 하는 친구가 가져가기로 했어요."
"얘들아! 거짓말 대회라니? 그건 말도 안 된단다!"
그 어른은 아이들 옆에 쪼그리고 앉아 거짓말하면 어떤 죄를 짓는 것인지 설명해 주었다.
"이제 알겠니? 이 아저씨는 너희들만한 나이에 한 번도 거짓말을 한 적이 없단다!"
아이들 사이에서 잠시 침묵이 흘렀다.
잠시 후 한 꼬마가 벌떡 일어나더니 말했다. "에이, 우리가 졌다! 그냥 아저씨 주자."

참으로 당돌한 아이들이군요. 어른들의 가르침을 자신들의 잣대로 계산하고 있으니 말입니다. 그런데 궁금해지는 게 있습니다. 도대체 이 아이들을 이렇게 만든 것은 누구일까요? 아이들은 보고 배운다고 합니다. 그러니 가르치는 것보다는 보여지는 게 더 중요하지 않을까요. 그래서 상탁하부정(上濁下不淨)이라 하는가 봅니다. 윗물이 맑아야 아랫물이 맑다는 말이죠. 아이들은 어른의 거울이라는 말이 있습니다. 아이들의 말이나 행동을 보면 어른들이 어떻게 가르치고 말해 왔는가를 알 수 있다는 것이죠. 아이들의 거짓말은 그동안 어른들이 들려 준 거짓말의 메아리인지도 모릅니다.

칭찬의 빈곤

어떤 사진작가가 친구 집에 초대를 받자 자기가 찍은 사진을 몇 장 가져갔다.
그의 작품들을 본 친구 부인이 감탄하며 말했다.
"사진 참 환상적이군요. 카메라가 아주 좋은가 봐요."
나중에 사진작가가 집을 뜨면서 부인에게 말했다.
"저녁식사 맛있었습니다. 아주 좋은 냄비를 쓰시나 봅니다."

지그 지글러 박사는 "세계 인구 30억 명이 매일 밤 굶주린 상태로 잠든다. 그런데 그보다 많은 40억 명이 따뜻한 말 한마디를 기다리며 잠자리에 든다."고 말합니다. 붓다는 따뜻한 말 한 마디, 언시(言施)가 재물 없이 베풀 수 있는 배려라 가르칩니다. 켄 블랜차드는 "칭찬은 고래도 춤추게 한다."고 했지요. 마돈나가 세상에 모습을 드러내기 시작한 것도 칭찬 한마디였습니다. 14세 때 만난 크리스토퍼 폴린은 그녀를 보자 이렇게 말했습니다. "세상에, 이렇게 아름다울 수가! 네 얼굴은 마치 고대 로마의 신상을 보는 것 같구나!" 그 칭찬 한마디로 마돈나는 자신감을 가지고 날개를 펼 수 있었지요.

따뜻한 말 한마디를 기다리고 있지 않나요. 먼저 시작해 보는 것은 어떨까요? 되돌아보면 주변에 칭찬 한마디로 인생의 전환점을 맞이한 사람들이 많습니다. 어쩌면 우리 모두는 칭찬에 목말라 있는지도 모릅니다. 지금 당장 가까이 있는 사람에게 따뜻한 칭찬 한마디 선물하면 어떨까요. 뻔한 칭찬이라 해도 듣는 사람은 은근히 하루를 행복하게 보낸답니다.

당신부터 웃으시오

어떤 사장이 고민에 빠졌다.
철저히 교육을 시켜도 직원들이 웃질 않는 것이다.
그래서 어느 날 컨설팅을 받기로 했다.
"어떻게 하면 직원들을 웃게 만들 수 있죠?"
한참 생각하던 컨설턴트는 다음과 같이 말했다.
"당신부터 웃으시오."

    웃음은 전염됩니다. 그러므로 가장 좋은 교육은 사장부터 웃는 것이죠. 집안에 엄마, 아빠가 터지기 일보 직전인데 아이들이 뛰어다니며 놀 수 있을까요. 직장도 마찬가지죠. 웃음은 가르쳐서 되는 것이 아니라, 문화거든요. 어떤 사람이 아침에 집을 나서며 거울 보고 웃는 연습을 하다 기절했다고 합니다. 평소에 웃어 보질 않아서였다고 합니다. 평소에 웃질 않으니 웃는 자신의 얼굴을 잃어 버렸던 거지요. "우리는 행복하기 때문에 웃는 것이 아니고, 웃기 때문에 행복하다."고 윌리엄 제임스는 말합니다. 배를 움켜쥐며 크게 웃어 본 적이 언제입니까. 오늘 당장 포복절도(抱腹絶倒)해 보세요. 세상이 당신을 보고 웃을 거예요. '거울은 결코 먼저 웃지 않는다.'는 서양 속담이 있습니다. 인생은 참 별거 아니잖아요. 내가 웃으면 세상이 덩달아 웃으니 말이에요.

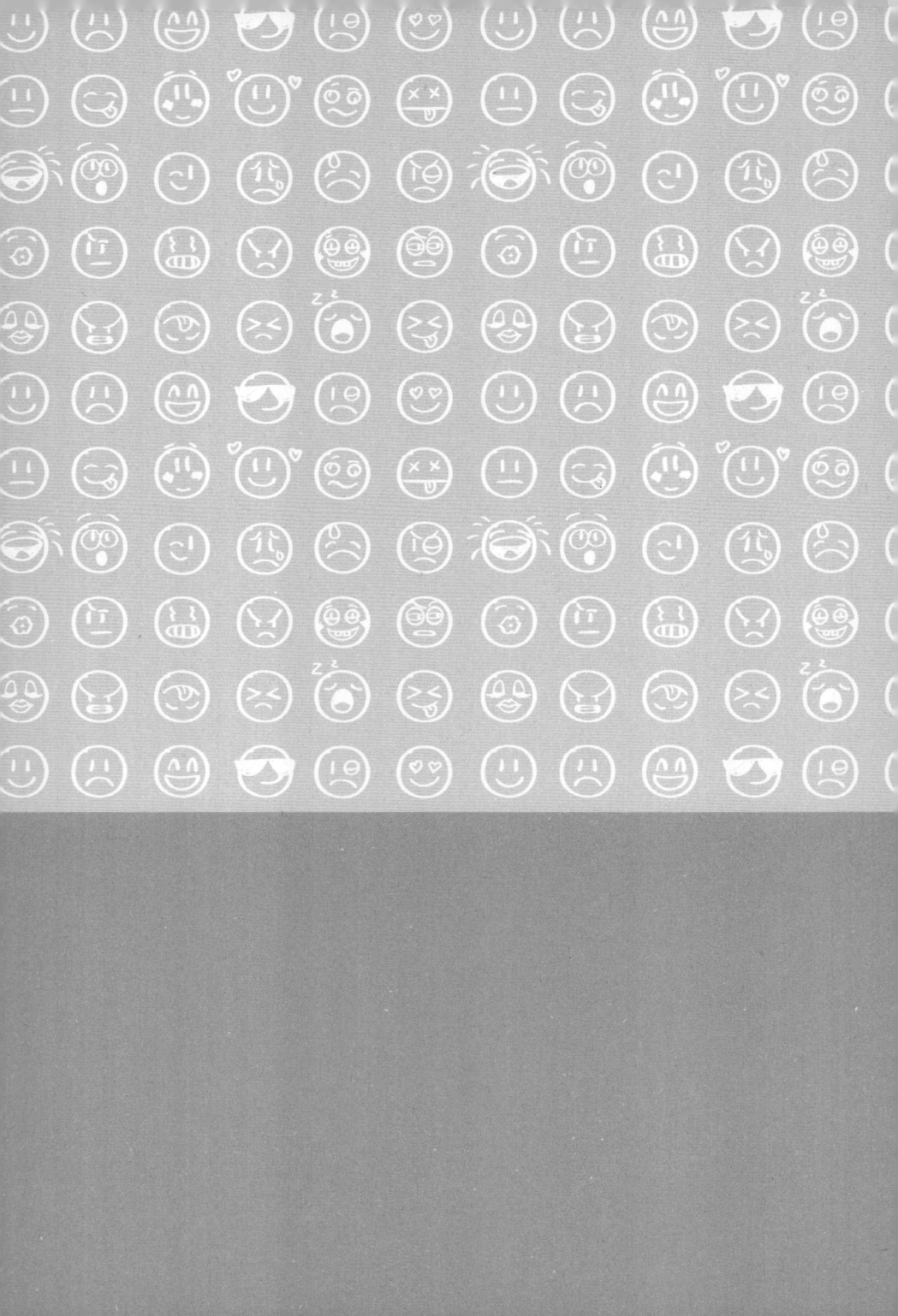

5장
비즈니스를 위한 유머

지루함과 단조로움을 극복하는 것이 중요하다.
비즈니스는 재미있어야 한다. 그렇지 않으면 인생을 허비하는 것이다.
— 톰 피터스

직원을 웃게 하는 비법

웃을 때까지 말단 직원의 쓰레기통을 청소하게 한다.
웃을 때까지 감봉 조치한다.
1년간 무보수 특별휴가를 준다.
웃을 때까지 회사 지하실에 가둔다.
동료들이 번갈아 가며 간지럼 태운다.
백화점 코너에 마네킹으로 근무시킨다.
여름 날 동물 가죽 쓰고 판촉 활동하도록 매장에 발령 낸다.
웃을 때까지 왕따시킨다.
신나는 직장 만드는 유머 프로젝트 책임자로 앉힌다.
웃을 때까지 웃음 가스를 주입한다.

 즐거운 마음으로 일하는 사람은 그렇지 않은 사람에 비해 창의적이고 적응을 잘한다고 합니다. 이런 사람이 많은 조직일수록 화합이 잘되고, 기업에 대한 신뢰감이 높지요. 즐겁게 일하니 잠재력도 더 많이 발휘할 수 있는 기회가 생기고 그러다 보니 일의 성과도 좋습니다. 물론 조직의 목표도 쉽게 달성하지요. 릭 시걸과 대런 라크루와는 저서『유더로 황금알을 낳는 펀 마케팅 전략』에서 "우리가 하는 모든 일에는 유머가 있다. 우리는 그것을 찾아내기만 하면 된다."고 일러 줍니다. 설탕 한 스푼이 쓴 약을 삼키게 한다는 말이 있습니다. 노동 현장에서 유머는 설탕과 같은 역할을 하지요. 유머로 즐거운 노동 현장을 만들어 보세요.

직장 놀이터 만들기

어느 제조업체에서 원가도 절감하고, 직원들의 애사심과 참여 의식을 높이기 위해 다음과 같은 아이디어를 공모했다.
"원가 절감 아이디어를 공모합니다. 당선자에게는 100만 원의 상금과 해외여행의 특전이 주어집니다."
그런데 1등으로 당선된 아이디어는 다음과 같은 파격적인 내용이었다.
"1등 당선자에게 10만 원의 상금을 주고 국내 여행을 보내시오."

어느 조직에 몸담고 있든 구성원들은 스스로가 즐겁고 신나는 일터에서 일하기를 원합니다. 그래서 요즘은 GWP(Great Work Place, 훌륭한 일터) 운동이나 WLB(Work Life Balance, 일과 삶의 균형)이 트렌드로 뿌리내리고 있습니다. 삶의 궁극적인 목표는 돈을 많이 벌고 승진하며 일을 잘하는 것이 아니라 행복해지는 것이니까요. 하루의 3분의 1 이상을 직장에서 보내는데 갈등과 스트레스뿐이라면 얼마나 불행한 일입니까. 그러니 일에서 즐거움을 찾고 행복한 직장을 만들어 나가는 것이 바람직한 일터 문화가 아닐까요. 요즘 기업들이 직장을 놀이터처럼 꾸미는 것은 행복한 조직문화를 통해 생산성을 향상시키기 위한 방안입니다. 행복해야 능률은 물론 충성심도 나옵니다.

작은 것이 아름답다

경차를 운전하던 한 아주머니가 운전 부주의로 그만 개울에 빠졌다.
이때 여기서 낮잠 자던 모기가 놀라서 소리쳤다.
"넌 뭐냐?"
그랬더니 아줌마가 대답했다.
"난 자동차다!"
그러자 모기는 가소롭다는 듯 웃으며 말했다.
"네가 자동차면 난 독수리다!"

 무조건 큰 것이 좋은 세상이 되어 버린 느낌입니다. 늘 남과 비교하려 합니다. 비교 의식이 강하다 보니 개인적으로 상황이 나아져도 자기보다 형편이 더 나은 사람과 비교하며 여전히 불안해합니다. 작다고 위축돼 자존심을 버리지 말아야 합니다. 당당한 자세로 스스로 성숙을 도모할 일입니다. 몇 개의 대기업이 잘 굴러간다고 나라 경제가 안정되는 것은 아닙니다. 중소기업, 자영업자들이 안정된 경제생활을 유지해야 나라 경제도 평안한 것입니다. 실속과 내실이 있는 것을 우리는 아름답다고 하지 않습니까. 선진국일수록 작지만 강한 기업인 강소기업을 육성하는 이유가 여기에 있습니다. 속 빈 강정보다는 작아도 경쟁력 있는 것이 실속 있죠.

질긴 고기 파는 날

어느 식당 지배인이 아침 조회시간에 직원들에게 이렇게 주문했다.
"오늘은 더 많이 웃고 더 친절해야 합니다."
그러자 한 직원이 물었다.
"왜죠? 중요한 손님이 오시나요? 아니면 본사에서 시찰이라도 나오나요?"
그러자 지배인은 이렇게 말했다.
"아닙니다. 오늘 파는 고기가 좀 질기거든요."

세계적인 문학가 셰익스피어는 "웃음은 천 가지 해를 없애 준다."고 말했습니다. 웃는다는 것은 긍정의 신호를 상대에게 보내는 거죠. 그런데 위의 지배인 같은 경우는 웃음의 긍정적인 효과를 100% 활용할 줄 아는 사람입니다. 직원들이 재미있고 웃으면서 서비스를 하면 질긴 고기에 불평할 수 없는 심리적인 마취 효과를 안겨 주니까요. 이처럼 웃음과 유머는 난처한 상황을 반전시켜 주는 무기 역할을 합니다. 이것은 유머가 윤활유 역할을 넘어 마력을 갖는다는 것을 말하죠. 게다가 웃음은 후광 효과를 준다고 합니다. 웃는 얼굴은 지속적으로 신뢰하게 만든다는 겁니다. 그러니 웃는 일은 절대 미룰 일이 아닙니다.

개미와 거미

한 회사에서 사장이 직원들에게 훈시를 하고 있었다.
"개미처럼 열심히 일하는 사람이 되어 보세요."
한 직원이 당돌하게 말했다.
"사장님, 정말 개미가 일만 한다고 생각하시나요?"
"그럼요, 개미는 묵묵히 일만 하지요. 그런 직원이 승진도 빨리 하는 법입니다."
"에이, 사장님 소풍 가 보세요. 개미들이 먼저 와서 놀고 있던데요."

    이제 개미처럼 사는 것은 미덕이 아니라고 합니다. 거미처럼 사는 사람이 지혜롭다고 하지요. 개미는 일생 동안 일만 하다 일할 능력이 떨어지면 죽지요. 그렇게 살고 싶으세요? 반면 거미는 필요한 곳에 거미줄을 쳐 놓고 놀다 와서 잡혀 있는 먹이를 먹고 또 여가를 보내지요. 거미처럼 신나게 놀면서 먹이를 많이 챙길 수 있다면 그가 곧 훌륭한 일꾼 아닐까요? 요즘 시대에 유능한 현대인이란 적게 일하고, 재미있게 여가를 즐기면서, 많이 버는 사람이지요.
    개미처럼 일만 하다 허리 디스크에 걸려 비틀거릴 것인지, 거미처럼 놀면서 먹이를 낚아챌 것인지 결정해야 합니다. 그러나 누구나 거미처럼 살 수 없는 거 아시죠. 개미에게 없는 빅 아이디어가 있어야 합니다. 빅 아이디어 없이 거미처럼 살다가는 개미에게 신세를 지게 될 것이 뻔합니다.

일터를 놀이터로

한 회사에서 직원들을 대상으로 설문조사를 실시했다.
"월급은 누가 준다고 생각합니까?"
많은 직원들은 이렇게 대답했다. "그야 고객이 주지요."
한 직원이 대답다. "당연히 사장이지요."
그런데 30년 넘게 근속해 온 임원이 이렇게 말했다. "경리과 미스 김."

일을 놀이로, 일터를 놀이터로 만들 수 있다면 기업과 직원, 고객 모두가 승리하는 일이죠. 일을 통해서 즐거움을 찾지 못한다면 그저 먹고살기 위한 경제적 동물로서 일의 굴레에서 벗어날 수 없을 겁니다. 이러한 환경에서는 일의 생산성도 오르지 않을뿐더러 비전도 없죠. 요즘은 일터를 놀이터로 만드는 혁명적인 변화가 요구됩니다. 우리 주변에서 얼마든지 재미있고 신나는 일터를 만들어 갈 수 있는 일을 발견할 수 있습니다. 그러기 위해서는 틀을 깨야 합니다. 『좋은 기업을 넘어 위대한 기업으로(Good to Great)』의 저자인 짐 콜린스 교수는 이렇게 진단합니다. "세계적으로 잘나가는 기업은 종교 집단과 같은 기업 문화를 가지고 있다." 재미가 넘쳐야 열정이 살아난다는 것입니다. 마크 트웨인은 이렇게 주문합니다. "Vocation(일)을 Vacation(휴가)으로 바꿔라." 여기에 생산성과 행복이 있다는 것입니다. 안거낙업(安居樂業)이라는 말이 있죠. 편안히 살고 즐겁게 일한다는 뜻으로 현재의 생활에 만족하면서 즐거운 마음으로 일하는 것을 말합니다.

새 이름

컴맹인 김 사장은 드디어 자판을 익히고 독수리 타법으로나마 이제는 인터넷상에서 간신히 의사소통을 할 수 있게 되었다. 그런데 어느 날 간부회의에서의 일이다.
"오늘 회의 끝나고 여러분이 알고 있는 새 이름을 전부 적어 주고 가세요."
갑자기 새 이름을 적어 내라는 사장의 지시에 한 직원이 물었다.
"사장님, 왜 새 이름을 적어 내죠?"
사장은 별일 아니라는 듯 말했다. "왜들 그래요, 다 알면서."
"사장님, 왜 새 이름을 써내야 하는지 말씀해 주세요."
그러자 사장은 이렇게 말했다. "컴퓨터로 문서 작성할 때마다 항상 새 이름으로 작성하라고 하는데, 이제 더 이상 아는 새 이름이 없거든요"

웃음은 가르쳐서 되는 게 아닙니다. 위에서부터 웃으면 저절로 구성원들이 웃게 됩니다. 이것이 열린 조직이고, 바람직한 조직 문화입니다. 자신은 웃지 않으면서 직원들이 웃지 않는다고 불평하는 사장은 가장 웃기는 사람이겠죠. 그래서 요즘은 놀면서 일하는 직장 문화를 선호하는 경향이 있습니다. 일터를 놀이터 수준으로 만들라는 거죠.

이제는 머리만 가지고 일할 수 없습니다. 마음이 결합되어야 합니다. 이것이 감성 역량이죠. 우뇌를 개발하고 활용할 수 있는 일터 문화가 경쟁력 있는 이유가 여기에 있습니다. 머리만 쓰는 일터는 기계와 무엇이 다를까요. 위에 나온 사장처럼 먼저 유머를 나누고 감성과 웃음이 넘치는 조직 문화를 만들어 간다면 직원들의 행복지수와 생산성은 저절로 향상되지 않을까요.

독재자의 유머 정책

무조건 웃어라.
웃지 않으면 전쟁 난다.
웃음 특별법을 만들라.
웃지 않는 자를 체포하라.
모든 권력은 웃음에서 나온다.
짐이 곧 웃음이다.
유머는 탱크에서 나온다.
죄인들에게 웃음 가스를 살포하라.
유머는 국민을 위한 것이다.

　　웃음은 인간의 모든 독을 제거하는 만능 해독제라고 하죠. 개인의 독만이 아니라 조직이 안고 있는 모순과 상호 불신까지 제거하는 약이 유머입니다. "웃기를 두려워하는 마음은 하느님을 신뢰하지 않는 마음"이라고 조지 맥도널드는 지적한 바 있습니다. 개인이 웃을 수 있어야 조직이 웃고, 조직이 웃을 수 있어야 그 조직과 구성원들이 원하는 목표를 이루어 나갈 수 있습니다. 비록 독재자라 하더라도 국민을 웃길 수 있다면 그는 더 이상 독재자가 아닙니다. 결국 웃는 것이 가장 큰 성과입니다.

물 먹은 사장

어느 회사 사장이 큰 잔치를 벌이기로 했다.
"음식은 내가 준비할 터이니 여러분은 포도주를 한 병씩 가져오시오."
드디어 잔칫날이 다가왔다.
참석자들은 포도주를 한 병씩 가지고 왔다.
즐비하게 놓인 술독에 참석자들이 가지고 온 포도주를 모두 쏟아부었다.
잔치가 시작되고 모두에게 포도주가 한 잔씩 주어졌다.
그러나 그건 맹물이었다.
사람들 모두 나 한 사람쯤이야 술 대신 물을 가지고 와도 모르려니 생각했던 것이다.

완전히 사장을 물 먹인 꼴입니다. 이런 마음을 가진 직원들은 비단 잔치에서만 그럴 리 만무하지요. 독일의 심리학자 링겔만은 집단에서 개인의 공헌도를 조사하기 위해 줄다리기 실험을 했다고 합니다. 1:1 게임에서는 한 개인이 내는 힘이 100이라면 숫자가 늘어날수록 어느 정도 힘을 쓰는가를 측정한 것이지요.

줄다리기에서 이기기 위해서라면 함께 하는 인원수와 상관없이 똑같은 힘을 사용할 것 같지만, 결과는 그렇지 않았다고 합니다. 두 사람이 줄다리기할 때는 93%, 세 사람이 할 때는 86%, 여덟 사람이 할 때는 49%의 힘만을 썼다고 하지요. 이것을 보고 링겔만 효과라고 합니다. 모든 조직원이 열심히 일하는 것은 아니라는 것이지요. 옆자리 직원이 열심히 일하며 성과를 낼 때 빈둥거리며 월급날만 기다리는 직원도 있다는 겁니다.

살레(SALE)

광고문구 때문에 피자헛에 비상이 걸린 적이 있다.
웬일인가 조사해 보니 경쟁사인 OOO 피자의 광고 문구가 문제였다.
"나는 지금까지 피자 헛 먹었다!"

언뜻 보기에는 피자헛을 먹었다는 말 같지만 그 의도는 피자를 속아서 실속 없이 먹었다는 뜻으로 읽히는 것입니다. 교묘하게 경쟁사를 비방하고 깎아내리는 것이지요. 혹시 Sale이라는 단어의 어원을 아시나요? Sale은 고려 시대 상인에게서 시작된 말이라고 합니다. 고려 상인들이 서양인들을 붙들고 늘 이렇게 외쳤다고 합니다. "살레? 살레?" 고려 상인들의 부드러운 판매 전략에 놀란 서양인들이 자기 나라로 돌아가 이를 모방했던 것이지요. 그런데 그들은 살레 발음을 할 수 없어 그냥 '세일'로 부르게 된 것이라는……. 믿거나 말거나! 그러나 믿으시라! 경쟁사를 깎아내리고 비난하여 사회적 물의를 일으키는 기업들에게 부드러운 '살레' 마케팅을 권하고 싶습니다.

가장 무서운 얼굴

1970년대에 아메리칸 드림을 찾아 특별한 기술이나 연고 없이 미국으로 떠난 교포들이 많았다.
그들은 아는 사람 하나 없고 말도 통하지 않는 땅에서 답답하고 무서웠을 것이다.
그들에게 무엇이 가장 무서운지 질문했다.
"이곳에 와서 생활하는 데 가장 무서운 일은 무엇입니까?"
"네, 밤에 지나가다 골목에서 흑인 만나는 게 무서워요."
"왜죠?"
"얼굴이 어두우니까, 그들이 무슨 생각하는지 알 수가 없으니 무섭죠."
이번에는 미국에 사는 흑인에게 물어봤다.
"당신은 무엇이 제일 무섭습니까?"
"글쎄요, 저는 낮에 길에서 한국 사람 만나는 게 제일 무서워요."

'웃는 얼굴은 화살도 피해 간다.'는 일본 속담이 있습니다. 얼굴이 어둡다는 것은 마음이 어둡다는 것이고 상대에게 무언가를 감추고 있다는 느낌마저 줍니다. 그래서 사회 미소라는 말이 있지요. 비즈니스에서 혹은 상대방에게 신뢰감을 주기 위해 억지로 웃는 웃음을 말합니다. 일을 하다 보면 진심으로 웃지 못할 때도 물론 있습니다. 그럴 땐 사회 미소를 지어 보는 건 어떨까요? 억지웃음에도 따뜻함과 행복이 숨겨져 있습니다.

비빔밥 수난

맹순이네 가족이 모처럼 외식을 했다.
메뉴는 엄마가 좋아하는 비빔밥이었다.
아이들은 억지로 된장, 고추장, 산나물, 콩나물을 비벼야만 했다.
마지못해 비비던 맹순이가 불만스럽게 말했다.
"엄마, 뱃속에 들어가면 다 비벼질 텐데 왜 힘들게 비벼야 해?"
그러자 엄마가 점잖게 한마디 했다.
"뱃속에는 숟가락이 없잖니."

비빔밥은 퓨전 문화의 대명사요, 팀워크의 상징입니다. 비비면 비빌수록 맛이 나듯이 인간관계도 비벼야 아름다운 빛을 낼 수 있지요. 하지만 비빔밥이 제 맛을 내기 위해서는 마지막 참기름 한 방울이 꼭 필요합니다. 참기름이야말로 비빔밥의 핵심이지요. 서로 다른 사람들이 모여서 일하는 조직도 비빔밥과 같습니다. 삼삼한 무나물 같은 사람, 질긴 시금치 같은 사람, 매운 고추장 같은 사람 등등 모두 제각각이지요. 이들을 하나로 조화롭게 버무리는 것이 바로 참기름 같은 사람이지요. 비빔밥의 참기름이 되어 보시는 것은 어떨까요? 참기름 한 방울이 비빔밥의 맛을 내듯 유머 한 방이 조직문화를 바꿀 수 있습니다.

딸라 드릴까요

어느 신사가 외국에 여행을 가게 되었다.
난생처음 가는 여행이라 여간 가슴이 설레는 것이 아니었다.
일단 은행에 환전하러 갔다.
"외국에 가려는데 돈 좀 바꿔 주세요."
여직원은 잠시 신사를 바라보더니 웃으면서 말했다.
"손님, 딸라 드릴까요, 애나 드릴까요?"
이 말을 들은 신사는 기뻐서 어쩔 줄 몰라 하며 말했다.
"언니, 기왕이면 아들 낳아 줘!"

심각하게 생각하면 심각한 결과만 나옵니다. 이것이 GIGO 법칙이지요. 쓰레기를 넣으면 쓰레기가 나오고(Garbage in, Garbage out), 금을 넣으면 금덩이가 나온다(Gold in, Gold out). 은행 직원이 부드럽고 위트 있게 말하니 고객의 마음이 부드럽고 유쾌해지는 것은 당연한 논리이지요. 상대를 대할 때 버려야 할 첫 번째는 딱딱하고 권위적인 말투입니다. 상대방도 딱딱하고 사무적으로만 대하게 될 테니까요. 부드럽고 위트 있게! 이것이 처음 만나는 사람도 친근하게 느끼게 하는 유머의 힘입니다.

오니언

어떤 채소가게에서 한 청년이 손님들에게 양파를 팔면서 소리쳤다.
"주부들이 눈물 흘리지 않으면서 양파 까는 비결을 말씀드리겠습니다."
그러자 많은 주부들이 양파가게에 몰려들었다.
"남편을 시키면 됩니다."
잠시 후 손님이 뜸해지자 그 청년은 또 유머로 손님을 끌어 모았다.
"그럼 양파는 몇 년이 되어야 가장 맛이 있을까요?"
"양파는 그 해에 먹어야지 뭘 몇 년을 따져."
한 주부가 퉁명스럽게 말하자 그 청년은 이렇게 소리쳤다.
"오년입니다."
"왜 오년이죠?"
주부들이 묻자 청년은 익살스러운 표정을 지으며 말했다.
"양파가 오니언(Onion)이잖아요."

세일즈에서 빼놓을 수 없는 것이 유머입니다. 유머는 설득의 기본 수단이거든요. 이제는 상품이 좋다거나 가격 경쟁력이 뛰어나다는 기존의 전략으로는 한계가 있죠. 이처럼 논리로 접근하기보다는 상대의 감정을 흔들어 놓아야 합니다. 그래야 마음을 열고 지갑을 열게 됩니다. 상대의 마음을 여는 무기 중에 유머보다 더 큰 무기는 없죠. 그래서 유머는 설득의 도구라고 합니다.

야 목장의 결투

거북이와 사자가 숲속을 산책하다가 'OK 목장'이라는 간판을 보게 되었다.
"OK 목장의 결투가 생각나는군."
거북이가 이렇게 말하자 사자가 비꼬듯이 말했다.
"이 바보야, 저건 '야 목장'이라고 읽는 거야."
자기가 맞다고 서로 싸우다가 결국 결투가 벌어졌다.
열 받은 사자가 말했다
"너 거북이, 그 가방 내려놓고 한 판 붙자."
그러자 거북이도 한마디 했다.
"네놈 목도리부터 풀고 덤벼라!"

　가방처럼 보이는 딱딱한 등이 거북이를 거북이답게 보이게 하지요. 마찬가지로 사자를 사자답게 만드는 것 또한 목도리처럼 보이는 털입니다. 그러나 상대방을 공격할 때는 그것에 초점을 맞추게 됩니다. 나를 나답게 해주는 특성이 곧 강점이 되기 때문이지요. 강점이 무너지면 특성이 없어지고, 특성이 사라지면 결국 아무것도 아니게 되지요. 복잡한 세상일수록 자신만의 특성이 뛰어나야 돋보이기 마련입니다. 나를 나로 보이게 하는 개성, 그것이 곧 그 사람만의 브랜드이기 때문입니다. 열심히 뛰는 것도 중요하지만, 튀는 것은 더욱 중요합니다.

군사대국

우리나라는 군사대국이 될 수 없는가. 어떤 모임에서 이런 주제로 열띤 토론이 벌어졌다. 그 결과 우리나라가 군사대국이 될 수밖에 없는 이유가 제시되었다.

밤낮 없이 총알택시가 거리를 누빈다.
거리마다 대포집이 즐비하다.
술집마다 폭탄주가 오간다.
집집마다 핵가족으로 뭉쳐 있다.
식당마다 부대찌개가 있다.
점포마다 폭탄세일한다.

  우리말은 해석하기에 따라서는 다양한 뉘앙스를 품고 있죠. 군사적인 용어로만 읽는다면 우리나라는 위에서 보는 것처럼 군사대국일 것입니다. 게다가 열 받으면 여기저기서 터지는 폭탄주도 있죠. 우리나라 폭탄주 제조법은 가히 세계적인 수준이라고 하죠. 우리말 속에 숨겨진 진의를 제대로 읽는 것도 우리말 실력이라는 생각이 듭니다.

상술

집을 보러 온 손님에게 부동산 중개인이 열심히 설명했다.
"이 동네는 공기와 물이 좋아서 병에 걸려 죽는 사람이 없어요."
그때 마침 장례 행렬이 그들 앞을 지나고 있었다.
그러자 그 중개인은 혀를 차며 말했다.
"저런, 환자가 없어 의사가 굶어 죽었구먼."

참으로 절묘한 상황 설명이지요. 이것이 유머 화법입니다. 유머는 외워서 할 수 있는 것이 아닙니다. 상황을 통제하고 자신의 주장을 위트 있게 합리화할 수 있는 기술이 필요하죠. 요즘은 대기업 CEO에서 말단 직원까지 유머 배우기가 한창이라고 합니다. 그런데 대부분 지하에 들어가야만 늘어놓을 수 있는 음담패설 유머들이라고 하지요. 유머는 품격입니다. 음지가 아닌 양지에서 품격 있는 유머를 시도해 보세요. 그래서 프로이트는 "유머란 인간만이 가질 수 있는 능력"이라고 말했나 봅니다.

장기근속한 이유

어떤 직장인이 사장에게 볼멘소리로 항의했다.
"저는 이 직장에서 20년간 충직하게 일만 했습니다."
"그건 나도 알아요. 그런데 무슨 문제라도 있나요?"
"그러면서 한 번도 봉급을 인상해 달라고 요구한 적이 없습니다."
그러자 사장은 이렇게 응수했다.
"그게 바로 자네가 20년간 장기근속한 이유라네!"

오월동주(吳越同舟)라는 말이 있습니다. 함께 배를 타고 가면서 속마음은 전혀 딴판이라는 것이지요. 비록 사장과 직원이 오나라와 월나라처럼 원수지간은 아니지만, 고용하는 방식이나 근속하는 의도는 전혀 달랐지요. 직원은 열심히 일하면 좋은 날이 올 줄 알고 묵묵히 일해 왔는데, 사장은 그저 인건비 싼 맛에 계속 고용했다면 이 얼마나 복장 터질 일인가요. 일한 만큼 대우받고 행복한 인생을 노래하고 싶은 것, 이것이 모든 월급쟁이들이 기다리는 세상 아닐까요.

정말 좋은 환경에서 장기근무하는 사회를 그려 봅니다. 취업은 물론 결혼, 출산 등 모두를 포기하고 산다는 N포 세대를 구제할 길은 일자리, 경제 활성화뿐이라는 생각이 듭니다.

우는 이유

어느 동물원에서 아르바이트생 두 명이 슬피 울고 있었다.
지나가던 관람객이 우는 이유를 물었다.
"왜 그리 슬피 우세요?"
그러자 그들은 눈물을 닦으며 말했다.
"우리 동물원에 코끼리가 죽었어요."
"코끼리를 꽤나 사랑했나 보군요."
그러자 그들은 언성을 높이며 말했다.
"글쎄 그 코끼리를 우리보고 산에 갖다 묻으라고 하잖아요."

우는 이유가 애처롭군요. 무거운 코끼리를 산에 묻어야 하다니 먹고살기 참 힘듭니다. 하지만 젊어서 이렇게 고생을 해 봐야 나이 들어서 편안해진다는 것을 젊은이들이 알았으면 좋겠습니다. 요즘 젊은이들은 좋아하는 일도 딱히 없고, 힘든 일은 무조건 기피하느라 청년백수가 넘쳐난다고 합니다. 그리고 보면 위의 아르바이트생들에게는 박수를 보내고 싶군요. 오늘 흘린 눈물이 내일의 기쁨이 될 것입니다. 아기가 태어나자마자 우는 이유를 아시나요? 바로 밥줄이 끊어졌기 때문이라고 합니다. 끊어진 밥줄을 잇기 위해 우리는 일생을 울면서 살아가는 것이지요. 뭐든 쉽게 얻어지는 것은 없답니다.

직업별로 싫어하는 사람

일반 의사들이 싫어하는 사람은?
"앓느니 죽겠다는 사람."
산부인과 의사가 싫어하는 사람은?
"무자식이 상팔자라고 말하는 사람."
학원 원장이 가장 싫어하는 사람은?
"하나를 가르쳐 주면 열을 아는 학생."
치과의사가 가장 싫어하는 사람은?
"이가 없으면 잇몸으로 씹겠다는 사람."
변호사가 싫어하는 사람은?
"난 법 없이도 산다고 말하는 사람."

한의사는 밥이 보약이라고 하는 사람을 싫어합니다. 하긴 교통사고가 많이 나야 카센터가 부자가 되고 병원이 잘됩니다. 그렇다고 사고 나기를 기도하는 사람은 없을 것입니다. 그렇다면 기업체 전문 강사들이 싫어하는 사람은 누굴까? 교육할 때 어려운 질문을 던지는 사람들입니다. 그러면서도 질문이 없을 때는 웃으면서 꼭 이렇게 묻죠. "이 회사는 이렇게 질문하는 사람이 없습니까?" 직업도 천차만별이다 보니 세상을 바라보는 시각도 다양하고 싫어하는 유형도 가지각색입니다.

배짱지원

어느 회사에서 경력직원 한 명을 뽑는데 수백 명이 지원했다.
어떤 직원이 최종 면접에 올라왔다.
"2005년부터 2009년까지 5년간 근무했군요."
"맞습니다."
이력서를 유심히 살피던 사장이 깜짝 놀라며 물었다.
"그런데 어찌 경력을 10년이라 적었죠?"
잠시 생각하던 직원은 자신 있게 말했다.
"사실 전 오버타임 근무를 많이 했습니다."

기술이 없으면 배짱이라도 있어야 합니다. 때로는 배짱만으로 인정받을 수 있지요. 기술도 없고 배짱도 없다면 어디에도 쓸모가 없습니다. 이쑤시개가 지나가다 야구방망이를 만나 딱하다는 표정으로 이렇게 말했다고 합니다. "그 몰골로 어딜 쑤시겠니?" 덩치는 작고 보잘것없지만 이 정도 배짱은 있어야 살 수 있습니다. 외모 가꾸는 데 신경 쓰느라 에너지 낭비하지 말고 배짱에 투자합시다. 얼짱은 시간이 흐르면 망가지지만, 배짱은 영원합니다. 여기서 배짱은 무대뽀로 덤벼드는 것이 아니라 뚝심을 말합니다.

판매술

어떤 세일즈맨이 매년 우수 판매상을 받았다.
동료들이 판매 기법이 궁금해서 물었다
"당신은 어떻게 팔길래 그렇게 매년 1등을 하죠?"
그러자 그 판매원은 이렇게 말했다.
"나는 초인종을 누르고 나서 주부가 나오면 이렇게 말하죠. 어머니는 안 계세요?"

이 얼마나 대단한 고도의 판매 기술인가요. 젊어 보이고 싶어 하는 여자의 심리를 충족시켜 주니 판매 실적이 낮을 리 없겠죠. 젊어 보이고, 예뻐 보이고, 날씬해 보이는 것이라면 참지 못하는 것이 여성의 심리입니다. 그러니 원하는 제품을 잘 파는 비결은 상대가 원하는 정서적인 언어를 잘 구사하는 것입니다. 일단 말이 통해야 나머지 문제가 해결될 테니 말입니다.

일찍이 소크라테스는 이런 말을 했습니다. "상대의 언어를 말하라." 아무리 내 말이 옳고 정당하다 해도 상대의 마음을 사로잡기 위해서는 상대가 즐겨 쓰는 언어를 배워서 말하는 것보다 더 좋은 기술은 없죠.

기내방송

태평양 상공을 나는 비행기 안에서 예쁜 목소리의 기내방송이 시작되었다.
"저희 항공사는 가장 아름다운 미녀를 승무원으로 두고 있습니다. 그러나 안타깝게도 그 승무원들은 오늘 이 비행기에 탑승하질 못했습니다."
인천공항에 도착할 즈음 다음과 같은 안내방송이 나왔다.
"물건을 두고 내리시는 일이 없기를 바랍니다. 손님 여러분께서 두고 내린 물건은 저희 직원들이 나누어 갖습니다."
그리고 잠시 후에 이런 방송이 나왔다.
"특히 배우자를 두고 내리는 일이 없도록 주의 부탁드립니다."

이런 비행기를 타고 여행한다면 행복할 것입니다. 유머경영으로 유명한 사우스웨스트 항공사는 30년 넘게 흑자를 내고 있습니다. 그 회사의 슬로건은 '웃다 보면 어느새 도착합니다.'라고 하지요. 고객에게 웃음을 줄 수 있다면 이미 고객으로부터 인정받은 것입니다. 어느 은행에 갔더니 이런 문구가 벽에 걸려 있었습니다. "최고로 평가해 주십시오. 최선을 다해 모시겠습니다." 참 이기적인 발상이지요. 최고로 평가해 주면 최고로 모시겠다는 자기중심적인 사고 아닙니까? 저는 직원에게 이렇게 수정해 달라고 말하고 싶습니다. "고객님이 웃을 때까지 최선을 다해 모시겠습니다. 최고로 평가해 주십시오." 어떤가요?

할인행사장 풍경

어떤 여성용품 할인행사장에 여성들이 아침부터 장사진을 이루었다.
그런데 한 여성이 그들을 밀치고 앞으로 가려 했다.
"새치기하지 마세요."
화가 난 여성들이 소리쳤다.
그러자 그 여성도 소리쳤다.
"만약 여러분들이 저를 가로막는다면 오늘 가게 문을 열지 않을 겁니다."
그 여성은 그 가게의 주인이었다.

   '싼 게 비지떡'이라는 말이 있습니다. 하긴 비지떡도 콩에서 나온 찌꺼기니 여타 식품에 비하면 건강식품으로 쳐 줄 수는 있을 것입니다. 하지만 싸다면 물불 안 가리고 덤벼드는 충동구매는 후회만 낳게 되지요. 다 제값을 하는 겁니다. 싼데는 그럴 만한 이유가 있지요. 싼 맛에 이것저것 집어 들면 남는 것은 빈 호주머니뿐입니다. 흔히 할인매장에 손님들이 모이는 것은 제품의 품질보다는 가격이 저렴하다는 이유 때문이지요. 그러다 보니 가게 주인도 몰라보고 위의 유머처럼 가게 앞에 장사진을 치는 진풍경을 연출하는 것입니다.

놀란 수박

어떤 손님이 과일가게 주인에게 호통를 내며 소리쳤다.
"이렇게 익지도 않은 수박을 팔면 어떻게 합니까? 지나가던 사람과 부딪혀서 떨어뜨렸는데 글쎄 속이 하얗잖아요."
그러자 가게 주인은 웃으면서 말했다.
"아니, 수박이 얼마나 놀랐으면 이렇게 하얗게 변했을까요. 불쌍한 것 같으니!"

 손님은 더 이상 화를 내지 못했을 것 같지요? 유머 한마디로 새로운 수박으로 바꿔 주는 주인도, 새 수박을 가져가는 손님도 웃으면서 헤어졌을 겁니다. 웃으며 새 수박을 받아 간 그 손님은 분명 다음에도 그 가게를 이용할 것입니다. 장사가 잘되는 가게는 물건보다 사람을 제대로 다룰 줄 압니다. 오늘 고객을 즐겁게 하면 내일 그가 또 찾아온다는 것을 알기 때문이지요. 그러니 물건이 아니라 인격을 팔아야 합니다. 주인의 너스레에 하얗게 사색이 되었던 수박도 웃어서 불그스레해지지 않았을까요?
 고객의 지갑을 열기 전에 마음부터 열어야 한다는 상술은 동서고금의 진리임이 틀림없습니다.

뛰는 놈 위에 나는 놈

거지가 깡통을 두 개 놓고 구걸하고 있었다.
지나가던 신사가 물었다.
"왜 오늘은 깡통을 두 개나 갖고 있소?"
그러자 거지는 미소 지으며 말했다.
"장사가 잘돼서 체인점을 냈소."
이때 한 거지가 깡통 하나를 훔쳐 튀기 시작했다.
"내 밥통 가져와."
거지가 울며 소리치자 달아나는 거지는 더 큰 소리로 외쳤다.
"난 적대적인 M&A 하는 중이야."

정말 뛰는 놈 위에 나는 놈입니다. 하긴 경기가 어려우니 거지들이 구걸해 벌어먹기가 얼마나 어렵고 팍팍할까요. 요즘 대기업들이 동네 구멍가게를 점령하고 있어 서민들의 아픔이 이만저만이 아닙니다. 마치 재벌 2세, 3세들이 다투어 과시라도 하듯이 동네 빵가게에서부터 순대, 아이스크림, 떡볶이까지 문어발처럼 손을 뻗치지 않는 곳이 없습니다. 어려운 경기에도 생계형으로 꾸려가는 자영업자들의 구멍가게를 짓밟고 있으니 골목대장이나 다름없지요. 깡통을 훔치는 거지가 아닌 세계를 무대로 새로운 시장을 개척하는 거지가 된다면 좋겠습니다.

소중한 것 먼저 하기

어떤 병사가 전쟁에 나가게 되었다.
적들이 밀려오자 당황한 그는 수류탄을 던졌다.
그런데 그 수류탄에 맞아 적 한 명만 죽었다. 그것도 뇌진탕으로.
초유의 사태를 조사한 국방부는 이렇게 조사 결과를 발표했다.
"그 병사는 놀란 나머지 안전핀을 뽑지 않고 수류탄을 던졌다. 그래서 적이 머리에 수류탄을 맞아 뇌진탕으로 죽었다."

모든 일에는 순서가 있는 법입니다. 급할수록 이 원칙은 더욱 지켜야 하지요. 그래서 스티브 코비 박사는 『성공하는 사람들의 7가지 습관』에서 "소중한 것을 먼저 하라."고 주장합니다. 일을 함에 있어 우선순위를 정하는 것이 합리적으로 일을 하는 방법입니다. 아무리 급해도 바지부터 입을 수는 없지요. 설사 팬티에게 양해를 구했다 해도 말입니다. 평소에 노팬티라면 모를까요.

그래서 인생은 직선이 아니라 곡선이라는 말이 있지요. 그러고 보면 곡선의 미가 인생의 참맛이라는 생각이 듭니다. 급할 때일수록 우직지계(迂直之計)의 정신을 되새김해야겠습니다. '때로는 돌아가는 것이 빠른 법이다.'

6장
변화 관리를 위한 유머

웃음은 마음의 치료제일 뿐만 아니라 몸의 미용제이다.
당신은 웃을 때 가장 아름답다.
— 칼 조세프 쿠 쉘

과유불급

한 노총각이 신에게 기도했다.
그러자 신이 말했다.
"네가 간절히 원하는 것이 무엇이냐?"
그는 말했다.
"돈과 여자, 그리고 결혼입니다."
그러자 신은 그의 소원을 모두 들어주었다.
그래서 노총각은 돈 여자와 결혼했다.

『논어』에 과유불급(過猶不及)이라는 말이 있죠. 지나침은 미치지 못하는 것과 같다는 것입니다. 결혼 30주년을 맞이하는 60세 되는 노부부가 있었습니다. 그들은 신에게 기도했습니다. 아내는 세계여행을 하고 싶다고 말했죠. 그러자 남편과 여행할 수 있는 항공권이 주어졌습니다. 그런데 남편은 20년 젊은 여자와 살고 싶다고 빌었습니다. 신은 남편의 소원도 들어 주었습니다. 남편은 신나서 자랑하며 기뻐 어쩔 줄 몰랐습니다. 그런데 다음 날 일어나 보니 그는 80세가 되어 있었습니다. "참된 욕구가 없으면 참된 만족도 없다."고 볼테르는 말합니다. 혹시 헛된 욕망에 사로잡혀 이미 가진 것을 잃고 있지는 않습니까. 오늘은 부질없는 욕망 하나만 찾아내어 버려 보세요. 그럼 참된 풍요를 느낄 수 있을 겁니다.

술이 사람을 먹으면

장롱 열고 오줌 눈다.
침대에서 두서너 번 떨어져야 날이 밝는다.
거액의 술값을 혼자 내고 슬그머니 사라진다.
말단직원이 김 부장 놈 나오라고 소리친다.
동료 여직원을 아내로 착각한다.
남의 집 대문을 걷어차며 당신하고는 이제 끝이라고 소리친다.
남의 구두에 오줌 싼다.
마이크를 잡으면 4절까지 한다.
엘리베이터에서 토하고 경비실에 신고한다.
샤워 후에 마누라 속옷 입고 살쪘다고 말한다.
마누라보고 어디에서 많이 본 여자 같다고 말한다.
장모님에게 전화 걸어 돈 안 받을 테니 아내를 데려가라고 한다.
잠자는 아이들을 모두 깨워 놓고 너희 아빠가 누구냐고 묻는다.

술을 매일 마시는 대주가의 이름은 무엇일까요. 노상술입니다. 노상 마서 대니 몸이 온전할지 모르겠군요. 두주불사(斗酒不辭)라는 말이 있죠. 말술을 사양하지 않는다는 말로 주량이 세다는 뜻입니다. 하지만 사람이 술을 마셔야지, 술이 사람을 마셔 버리면 안 되겠죠. '말은 할 탓이요, 술은 먹을 탓이다.'라는 속담이 있습니다. 말은 하기에 따라 다르게 들릴 수 있고, 술은 먹기에 따라 행동이 다르게 되므로 과하지 않게 마시라는 뜻이죠. 술과 말 모두 적정선을 지켜야 합니다.

돈 버는 100가지 방법

어느 거지가 구걸하고 있었다.
한 노인이 다가와 왜 그 나이에 구걸이나 하느냐고 소리쳤다.
그러자 그 거지는 "실은 저는 작가입니다. 전에 '돈을 버는 100가지 방법'이라는 책을 썼지요."라고 말했다.
그러자 노인은 괘씸하다는 듯 다시 소리쳤다.
"그런데 왜 구걸하러 다니는 거죠?"
거지는 당당하게 말했다.
"이것도 그 100가지 방법 중 하나거든요."

"독수리가 되려면 독수리 떼와 함께 날아야 한다."고 브라이언 트레이시는 말합니다. 이 똑똑한 거지에게 필요한 것은 무엇일까요? 과거에 머물지 말고 미래로 날 수 있는 깃털을 갖는 겁니다. 자신의 깃털은 남이 빼앗아 갈 수는 있지만, 대신 날아 주지는 못하거든요. 요즘 거저 얹혀살려는 사람들이 부지기수입니다. 충격적인 조사 결과를 접한 적이 있습니다. 우리나라 젊은이들은 10억을 벌 수 있다면 10년 정도는 감옥에 갈 용의가 있다는 응답이 그것입니다. 강도짓을 해서라도 10억을 벌 수 있다면 10년 감옥에서 보낼 준비가 되어 있다는 거죠. 참으로 불행스러운 일이 아닐 수 없습니다. 하긴 돈만 있으면 처녀 불알도 살 수 있다는 속담이 있는 걸 보면 무엇이 옳은지 모를 일이군요. 정말 돈만 있으면 귀신도 부릴 수 있을까요. 속담 너무 믿지 마세요. 속이 탑니다.

헛방기도

어떤 수험생이 놀기만 하면서 공부는 안 하고 100점 맞게 해 달라고 기도만 했다.
시험을 쳤는데 예상대로 아는 문제가 하나도 없었다.
그래서 그는 답안지에 이렇게 썼다.
'하느님은 이 모든 답을 다 아십니다.'
나중에 채점한 답안지를 돌려받았는데, 이렇게 쓰여 있었다.
'하나님은 100점, 너는 0점!'

   하늘은 스스로 돕는 자를 돕는다고 합니다. 학생은 열심히 공부하는 것이 곧 기도죠. 그리고 하느님은 우리 모두에게 100점을 주었습니다. 그러니 점수를 못 받는 학생들은 스스로 까먹는 꼴이 됩니다. 놀기만 하면서 100점 받기를 원하는 것은 자신을 속이는 심보입니다. 이런 자에게서 긍정적인 기(氣)를 찾을 수 있을까요. 원하는 것이 있다면 기도가 아닌 노력으로 성취하세요.
   물론 간절히 원하면 이루어진다고 믿어야 합니다. 하지만 공부는 하지 않고 골방에 앉아 기도만 한다면 결국 기도가 막혀 앞길이 막히게 될 겁니다. 열심히 노력하는 행동, 그것이 참된 기도 아닐까요.
   땀과 침의 차이는 무엇일까요. 땀은 썩지 않지만 침은 썩는다는 겁니다. 썩지 않을 영광을 누릴지, 아니면 평생 남만 바라보며 침 흘리며 살지 선택은 오직 자신에게 달려 있습니다.

수면제 먹고 주무셔야죠!

어느 병원에 입원한 환자는 수면제를 먹지 않으면 잠을 들지 못할 만큼 불면증에 시달리고 있었다.
간호사는 밤 11시면 수면제를 먹이고 달콤한 이야기를 들려 줄 만큼 친해졌다.
어느 날인가 환자는 다행히 수면제를 먹지 않고도 잠에 들었다.
마침 환자에게 수면제 먹이는 것을 잊었던 간호사가 헐레벌떡 뛰어와 잠자는 환자를 흔들어 깨웠다.
"여보세요. 빨리 일어나세요. 수면제를 안 먹고 그냥 자면 어떻게 해요?"

    수면제 안 먹고 잠자는 환자를 깨울 이유가 있을까요. 이미 그는 불면증에서 해방된 것인데요. 고정관념에 갇히면 모두가 이럴 수밖에 없을 겁니다. 마치 24시간을 다람쥐가 쳇바퀴 도는 것과 마찬가지로 생각과 행동이 일정한 궤도를 따라 돈다는 거죠. 그러니 일상의 틀을 깨야 합니다. "비전은 안전지대를 벗어나는 데서부터 출발한다."고 데일 카네기는 말합니다. 그저 편한 것, 익숙한 것에 젖어들면 언젠가는 추락하고 말 겁니다. 깨 보세요. 그럼 깨어납니다. 인생은 깰수록 아름답거든요.
    고정관념은 우리를 가두는 고장관념입니다. '깨야 깬다.' 매일 깨야 합니다. 탈바꿈은 틀바꿈에서 시작합니다.

트럼프 유머

두 손님이 식당에 들어오더니 음료수를 주문하고 나서 가방에서 도시락을 꺼냈다. 이때 종업원이 다가와 말했다.
"실례합니다만 우리 식당에서는 손님이 싸 온 음식은 드실 수 없습니다."
그러자 두 손님은 잠시 머뭇거리더니 각자 싸 온 음식을 서로 바꿔 먹기 시작했다.

　두 손님의 유머 감각이 지혜 아닐까요? 웬만한 종업원은 이 상황에서 화를 낼 수 없을 겁니다. 그런 면에서 재치 있는 유머 한마디는 돈이 되고 위기를 극복하는 아이디어 중의 아이디어가 되는 거죠. 그러니 유머는 전략 중에 전략이 아니겠습니까? 유머는 인생을 사는 가장 값진 지혜입니다. 아리스토텔레스는 "인간만이 웃을 수 있는 유일한 동물"이라고 말했습니다. 그런데 어찌 된 일인지 인간만이 화내고 싸우고 짜증 내는 동물이 되어 버린 것 같습니다. 웃음이야말로 인체의 노폐물을 밖으로 분출시키며 대인관계를 원활하게 해 주는 윤활유가 아닐까요. 게다가 맛있는 도시락도 언제나 먹게 해 주죠.
　위기 상황일수록 유머가 필요합니다. 어색한 상황일수록 유머가 힘이 됩니다. 미국 트럼프 대통령이 북한 김정은 위원장과 첫 대면에서 사진 찍을 때 사진기자에게 이렇게 말해서 어색한 순간을 웃음바다로 만들었습니다.
　"멋지고 날씬하게 찍어 주세요."

진짜 위험한 거

영어를 갓 배운 시골 할머니 한 분이 어느 날 헛간에 보관된 이상하게 생긴 봉지를 발견했다.
유심히 들여다보니 이렇게 쓰여 있었다.
'Danger!'
할머니는 뒷면을 훑어보았다.
그곳에도 'Danger!'라고 쓰여 있었다.
할머니는 이렇게 단거가 왜 여기 있느냐며 중얼거렸다.
잠시 후 할머니는 그 봉지를 뜯고 하얀 가루를 먹었다. 그리고 병원에 실려 갔다.
의식이 회복된 할머니는 의사에게 굴었다.
"아니, 단거 먹었는데 왜 이렇게 아프데유?"
할머니에게 Danger는 단거였다.

하마터면 할머니 인생이 끝날 뻔했군요. 이걸 식자우환(識字憂患)이라고 합니다. 아는 게 오히려 병이 된 꼴이죠. 좀 더 깊이 있게 공부했더라면 데인저(Danger)를 '단거'로 읽지는 않았을 겁니다. 그래서 모든 학습에는 집중력과 사고가 필요합니다. 공자는 學而不思則罔, 思而不學則殆(학이불사즉망, 사이불학즉태)라 했습니다. 배우되 스스로 생각하지 않으면 헛되고, 스스로 생각만 하고 배우지 않으면 위태롭다는 뜻이죠. 어설픈 지식으로 눈앞의 이익을 취하고 보자는 심보는 위험(Danger)한 세상을 단거로 착각하는 진짜 위험일 수 있습니다.

돈맥경화

시집도 안 가고 놀기만 하는 한 노처녀가 어느 날 엄마한테 꾸중을 들었다.
"너는 이 나이 되도록 시집도 안 가고 놀기만 할 거야?"
그러자 노처녀는 심각하게 대답했다.
"지금 내가 시집 가서 아이를 낳으면 그 애가 나보고 엄마라고 부를까, 아니면 할머니라고 부를까?"

우리 주변에는 이 노처녀처럼 제 문제를 스스로 해결하지 못하고 늘 부모에게 의존한 채 붙어 사는 나약한 자녀들이 늘어나고 있습니다. 아마 어려서부터 스스로 문제를 해결하도록 도와주지 않고 뭐든지 달라면 줘어 준 부모들의 실수가 아닐까 생각됩니다. 스스로 일어나지 않으면 인생은 완성되지 않는다는 것을 자녀들에게 가르쳐 주어야 합니다. 특히 공부만 잘하면 다 해결될 것처럼 막연히 자식에게 기대하는 부모들의 심리부터 고쳐야겠죠. 하지만 무엇보다도 자신의 인생을 스스로 만들어 나가는 지혜와 깡을 배워 나가는 것이 필요하다고 봅니다.

요즘은 경제 문제로 결혼도, 출산도 기피하는 추세를 보이고 있어 답답하기만 합니다. 하긴 목구멍이 포도청인지라 먹고사는 게 급선무죠. 안타까운 현실입니다. 그리고 보면 경제든, 갱제든 일단 회복되고 볼 일입니다. 일자리 구하기가 갈수록 힘들고 평균 수명은 늘어나고 돈줄은 막히는 세상이니 큰 걱정입니다. 이제는 동맥경화가 아니라 '돈맥경화'부터 치료해야 할 듯합니다.

변명

"여보게 담배 한 대만 빌려주게."
"이 사람아, 자네는 금연하기로 결심하지 않았나?"
"맞아."
"그런데 왜 담배를 달라는 거야."
그러자 그는 이렇게 말했다.
"응, 우선 담배 사는 것부터 줄이는 결심을 했거든."

금연 문제로 고생하는 분들이 늘고 있습니다. 일부 회사에서는 애연가는 승진을 시키지 않겠다는 고강도 정책을 내놓고 있죠. 더 충격적인 것은 담배를 피우는 사람보다 옆에서 냄새 맡는 간접흡연자들의 폐암 치료가 더 어렵다는 겁니다. 그러고 보면 무심코 피워 대는 흡연자는 이웃 사람들의 수명마저 단축시키는 간접적인 죄를 짓는 겁니다. 그러니 금연을 결심할 때는 굳게 마음을 먹어야 합니다. 아마 위에 나온 분은 마음을 먹은 게 아니라 머리만 먹은 것 같군요. 그는 늘 'Thinking First'의 머리만 갖고 있는 겁니다. 진정한 결심은 'Doing First' 아닐까요. 행동이 뒤따르지 않는 결심은 성공할 수 없을 테니까요. 그래서 금연에도 2F 전략이 요구된다. 'Fight or Flight'. 담배 끊는 일에 맞서 싸울 것인가, 아니면 피할 것인가를 결정해야 한다. 100세를 살고 계신 할머니에게 기자가 물었습니다. "장수의 비결이 뭐죠?" 할머니는 이렇게 말했죠. "금연." 기자는 놀란 듯이 물었습니다. "그런데 아직까지 담배를 피우세요?" 그러자 할머니는 이렇게 말했습니다. "그래서 오늘부터 끊었어!" 당신은 오늘 무엇을 결심했습니까?

돼지이름의 유래

"조물주는 왜 돼지라는 이름을 붙여 주었을까?"
"돼지는 모든 게 잘 돼지 하며 긍정적이니까."
"그럼 왜 돼지는 음식을 먹을 때 꿀꿀거릴까?"
"모든 게 꿀처럼 맛있으니까."

참으로 돼지는 긍정적인 것 같습니다. 이런 면을 돼지에게 배운다면 자존심 상하는 일일까요. 하지만 웃는 돼지는 죽어서 인간에게 절에다 돈까지 받으니 웬만한 인간보다는 한 수 위인가 봅니다. 어떤 인간이 죽어서 돈까지 받을 수 있을까요. 이는 돼지의 긍정성에 대한 보답이 아닐까요. 이처럼 긍정의 반응이 우리에게도 필요합니다. 일단 긍정적이어야 변화니 혁신이니 창조, 혹은 행복과 성공이 가능할 테니까요. 까마귀는 흉조로 태어났다는 것 자체가 부정적인 편견입니다. 그럼 일본인들은 왜 까마귀를 길조라 믿는 걸까요. 언제부턴가 특별한 이유 없이 까마귀는 기분 나쁜 새라는 교육을 받으며 자라다 보니 그 새만 보면 괜히 기분 나쁜 감정을 가지고 하루를 부정적인 기대심리를 가지고 사는 겁니다. 현실을 있는 그대로 바라보지 못하고 내 안의 부정의 창을 통해 보니 모든 게 부정적일 수밖에 없습니다. 내 안에 부정적인 요소만 뿌리 뽑아도 인생에 혁명이 일어나지 않을까요. 모든 일이 잘 돼지!

제 눈이 안경

어느 날 참새가 신나게 날아가다가 달려오는 자전거와 머리를 부딪혔다.
참새는 기절하여 쓰러지고 말았다.
지나가던 농부가 새를 치료해 주고 새장에 넣어 보호해 주었다.
새가 정신을 차려 보니 새장 안에 갇혀 있는 게 아닌가.
새는 곰곰이 생각하다 이렇게 결론을 내렸다.
"내가 자전거 탄 사람을 죽게 한 거 분명하군. 그렇지 않고서야 어찌 내가 이렇게 갇혀 있겠는가!"

참으로 새다운 생각이군요. 자신이 자전거 탄 사람을 죽였을지도 모른다니 말입니다. 하지만 새의 입장에서는 당연한 생각일 수도 있습니다. 우리 또한 자신의 입장만 대변하며 새처럼 세상을 바라보는 것은 아닐까요. 모든 사건을 자신의 입장에서만 바라보는 편견 혹은 관점 때문에 말이죠. 그래서 때로는 역지사지(易地思之)하는 자세가 요구됩니다. 세상을 바라보는 틀인 프레임(Frame)을 깨야 하지 않을까요. 당신을 가두고 있는 고정된 틀은 무엇입니까. 그것 때문에 새장에 갇혀 있는 것은 아닐까요. 그렇다고 전혀 새로운 프레임이 필요한 것은 아닙니다. 지금 세상을 보는 그 프레임을 조금만 바꾸면 충분합니다. 기존의 틀에만 갇혀서 세상을 바라본다면 이게 바로 새대가리 발상입니다. 아인슈타인은 이런 말을 남겼습니다. "매일 똑같은 방식으로 일하면서 결과가 달라지기를 기대한다면 그것은 미치광이 짓이다."

KISS의 법칙

어느 마을에 과속으로 인한 사망사고가 많아 당국이 고민에 빠졌다.
아무리 '천천히', 혹은 '사망사고 지점'이라는 경고 표지를 달아도 효과가 없었다.
그런데 어느 날부터 교통사고가 줄고 안전 거리로 알려지기 시작했다.
이렇게 부드럽게 표지를 바꾸고 난 뒤부터.
'천천히. 주변에 병원 없음!'

    여유가 없는 시대입니다. 무조건 달리는 것이 잘 사는 것처럼 보이죠. 게다가 뒤처지면 죽는다, 혹은 1등만이 살아남는다는 무시무시한 구호들이 눈만 뜨면 어른거립니다. 그럼 얼마나 더, 그리고 어디까지 가라는 말인가요. 속도경영이라는 말이 기업을 지배한 지도 오래되었습니다. 과속이 교통사고의 원인이듯이 인생사에서도 마찬가지죠. 우선 인생은 직선이라는 생각부터 버려야 합니다. 오르고 내림이 없을 때 심장은 멈춥니다. 계곡으로 내려가는 것은 추락이 아니라, 다른 봉우리로 오르기 위한 길임을 잊어서는 안 됩니다. 그것이 두렵다고 건너뛰면 그대로 추락입니다.
    빨리 가다 보니 내가 누구인지, 어디로 가는 건지 잊고 달리기 일쑤입니다. 당신은 지금 어떤 속도로 갑니까. 어디로 달리는지는 분명히 알고 계신가요. 속도보다 더 중요한 거 아시죠. 방향입니다. 그러니 이제 KISS하는 자세로 살아 보면 어떨까요. 'Keep It Slowly and Surely(느리지만 확실하게).' 이것이 속도를 외쳐대는 세상에 처방전이 될 수 있습니다.

껍데기에 취하기

"노처녀들이 가장 듣기 싫어하는 말은?"
"아줌마, 꼭 처녀 같아요."

겉모습만 봐서는 처녀인지 유부녀인지 알 수 없으니 그럴 만도 하죠. 하지만 겉모습에 취해 이런 실수를 반복해서는 안 될 일입니다. 어느 날 돈 많은 재벌 부부가 교육 사업에 기부할 뜻으로 하버드대를 찾았습니다. 그러나 허름한 겉모습을 본 수위는 그들을 대학 안으로 들여보내지 않았습니다. 꼭 총장을 만나 전할 말이 있다고 사정했으나 수위는 거절했습니다. 그 부부는 이런 대학을 세우는 데는 돈이 얼마나 드느냐고 수위에게 물었습니다. 그러나 수위는 그런 걸 내가 어찌 아느냐며 매몰차게 말했습니다. 하버드대학에 돈을 기부할 마음으로 방문하려 했으나 거절당한 그 노부부는 직접 대학을 세우기로 결심했죠. 이렇게 해서 탄생한 대학이 스탠퍼드 대학입니다. 뒤늦게 이 사실을 알고 뉘우친 하버드대학은 그때의 교훈을 되새기며 이런 문구를 써 붙였다고 합니다. '사람을 외모로 판단하지 마라.' 외모로 판단하는 것은 노처녀만 싫어하는 일이 아닙니다. 호두를 보면 무엇을 생각하죠? 호두나무를 볼 수 있어야 합니다. 이것이 껍데기에 취하지 않는 길이죠.

IT 문맹

컴퓨터를 처음 배운 한 주부가 하루에 수도 없이 편지함을 들락거렸다.
하도 궁금해서 이웃집 주부가 물었다.
"왜 그리 자주 편지함을 열어 보세요?"
그러자 그 주부는 아무렇지도 않은 듯 이렇게 말했다.
"컴퓨터를 켜 보니 편지가 왔다고 해서요."

    어떤 남편이 아프리카로 출장을 갔습니다. 그리고 현지 공항에 도착하자마자 아내에게 메일을 보냈죠. 한편, 남편을 여의고 장례식을 무사히 치른 주부가 있었습니다. 남편의 유품을 정리한 후 모처럼 메일을 열어 보았습니다. 그런데 이런 편지가 도착했습니다. "여보, 무사히 잘 도착했소."
    이 편지를 열어 본 주부는 기절하고 말았습니다. 앞에 아프리카로 출장 간 남자가 자기 아내에게 보낸답시고 메일 주소를 잘못 입력해 벌어진 해프닝입니다. IT 기술이 하루가 다르게 진보하고 있습니다. 그만큼 IT 문맹자도 늘어나고 있죠. 최근에 이런 판결이 있었습니다. 인터넷 뱅킹으로 돈을 잘못 송금해 엉뚱한 사람에게 보냈을 경우 되돌려 받을 수 없다는 겁니다. 이래저래 IT 문맹자는 죽을 맛입니다.

정신병자와 간호사

초기 정신병 증세를 보이는 박 씨는 입원한 이후로 줄곧 누군가에게 편지를 쓰기 시작했다.
궁금증을 참지 못한 간호사가 물었다.
"매일 누구에게 편지를 쓰시는 거죠?"
"나한테 씁니다."
"뭐라고 쓰는데요?"
그러자 환자는 한심하다는 듯 말했다.
"그걸 어찌 알아요. 받아 보지도 않았는데."

이쯤 되면 누가 정신병자인지 알 수 없습니다. 간호사는 환자를 배려하는 차원에서 "뭐라고 쓰는데요?" 하고 물었지만 이는 배려가 아닙니다. 상대는 정신병자이기 때문이지요. 상대를 제대로 알아야 공감할 수 있습니다. 제러미 리프킨 교수는 "이제는 적자생존 시대는 끝나고 공감생존 시대"라고 말합니다. 공감하기 위해서는 상대에 맞는 맞춤식 화법이 중요하지요. 이런 유머도 있습니다. 어떤 정신병자가 초코파이를 고무줄에 묶어 지팡이를 낚싯대 삼아 여기저기 던지고 있었어요. 지나가던 담당 의사가 물었죠. "오늘은 고기를 많이 잡았어요?" 그러자 환자는 의사를 향해 어이없다는 듯이 말했습니다. "이 미친놈아, 이게 네 눈에는 낚시로 보이냐?" 졸지에 의사는 미친놈 취급을 당했지요. 상대를 제대로 파악하는 것, 이것이 공감대화의 시작입니다. 그러기 위해서는 상대방 입장에서 바라볼 수 있어야 합니다.

가장 똑똑한 새는?

가장 높은 곳에서 새끼를 낳는 동물은?
"하이애나."
새들이 가장 좋아하는 나무는?
"버드나무."
가장 똑똑한 새는?
"하버드."
앞뒤 생김새가 똑같은 새는?
"기러기."

    똑같은 새지만 그 새를 바라보는 사람의 시각에 따라 의미가 달라집니다. 특히 까치와 까마귀가 그렇죠. 일본인은 유독 까마귀를 좋아합니다. 길조라 믿기 때문이죠. 하지만 우리는 까마귀 소리만 들어도 기분 나쁘게 생각합니다. 흉조라 여기기 때문이죠. 그럼 까마귀는 길조로 태어났는가, 아니면 흉조로 태어났는가. 까마귀는 그저 까마귀로 태어났을 뿐입니다. 그것을 바라보는 사람들의 시각이 다를 뿐이죠. 새소리는 새가 노래하는 대로 들리지 않습니다. 우리가 듣는 대로 들립니다. 그러니 까마귀를 흉조라 여기며 쫓으려 들지 말고, 바라보는 시각을 바꿔야 합니다.
    이쯤에서 새에게 한 수 배워 볼까요? 요즘은 '일찍 일어나는 새가 벌레를 잡는다.'는 말도 옛말이 되고 말았습니다. 이제 새들은 이렇게 생각합니다. '일찍 일어나는 새가 총에 맞을 수도 있다.'

술 취한 아들

취직도 안 하고 매일 친구와 어울리며 술만 마시는 아들에게 아버지가 호통을 쳤다.
"너처럼 술만 마시는 아들에게 이 집을 물려 줄 수 없다."
그러자 간신히 정신을 차린 아들은 이렇게 말했다.
"저도 이렇게 빙빙 돌기만 하는 집은 필요 없어요."

    20대를 대변하는 키워드가 불안이라니 여간 불안한 일이 아닙니다. 20대는 희망이어야 하는데 말이죠. 희망이 없으니 절망하고, 절망하다 도망치는 듯한 인상입니다. 이것이 미래 우리 사회를 책임질 20대의 자화상이라니 참으로 안타깝지요. 취직을 위해 연애도, 결혼도 포기한다 하니 이 얼마나 가련한 청춘인가요. 하지만 참고 기다리면 준비하는 자에게 길이 열립니다. 술에 의지하려 들지만 않는다면, 가능성은 언제나 청춘을 기다리고 있습니다. 맨 정신으로 살기에도 도는 세상인데, 술에 취해 돌면 지구는 어디로 간단 말입니까.

애매한 벌칙

어느 선생님이 시험 성적을 공개하며 말했다.
"50점 미만 학생은 복도에 나가 손들고 있어요."
그러자 어떤 학생이 질문을 했다.
"전 딱 50점인데 어떡하죠?"
선생님은 한참 고심하다 이렇게 말했다.
"그럼 넌 문틈에 끼어 있어."

　차라리 49점을 받는 게 낫지 않을까요. 손드는 벌칙이 문틈에 끼는 벌칙보다 쉬울 테니 말입니다. 교단에서 체벌과 벌칙이 사라지면서 아이들이 자유로울지는 모르지만 여기저기서 비명 소리가 들려옵니다. 조폭도 아니고 학교 폭력으로 맞고 죽고 자살하는 것이 작금의 교실 풍경이고 보면 가슴 치며 통곡할 일이죠. 친구가 무서워 학교를 못 가고 지방으로 이사 가는 풍경을 어찌 설명할 수 있을까요. 아이에게 싫은 소리 하면 대들고 심하면 부모가 쫓아와 항의하는 세상에 어찌 아이들 지도가 가능할까요. 체벌은 나쁜 것이지만 체벌 이전에 가정이나 사회에서 진정한 교육이 이루어져야 할 것입니다.

놀라운 의술

어느 병원에서 레지던트 두 사람이 자신의 재주를 자랑했다.
환자 한 명이 배를 움켜쥐며 고통스런 모습으로 걸어오고 있었다.
"저 환자는 틀림없이 맹장병 환자군."
"아닐세, 저 환자는 틀림없이 관절염 환자일세."
두 레지던트는 서로 자신이 맞다며 내기를 했다.
드디어 환자가 고통스런 표정으로 다가와 한마디 했다.
"저, 선생님!"
"네, 말씀하세요."
두 의사는 아직도 자기의 진단이 옳다며 자신 있게 말했다.
그러자 그 환자는 배를 움켜쥐며 이렇게 말했다.
"저, 선생님, 화장실이 어디 있죠?"

자신이 최고라고 생각하면 보이는 게 없습니다. 이건 자신감이 아니라 자멸감이지요. 보이지 않으니 자멸할 수밖에 없지 않을까요. 화장실이 급해 뒹구는 사람을 두고 놀라운 의술 운운했으니 이들이 환자를 맡는다면 환자나 의사나 둘 다 불쌍하네요. 겸손과 배려가 성공의 사다리라는 것을 깨닫는 데는 많은 시간이 걸립니다. 그러나 이를 미리 깨닫는다면 어디서든 인정받게 될 것입니다. 벼가 익을수록 고개를 숙이는 것은 무거워서가 아니라 자연의 법칙에 순응하기 때문입니다.

소가 된 느낌

정신병 환자들은 가끔 실소를 자아내는 데 선수급이다.
그들 중 누구도 자기가 정신병 환자라고 생각하는 사람은 없다.
의사가 환자를 진찰하며 물었다.
"환자분, 요즘은 어떤 느낌이 드나요?"
"글쎄요, 제가 소가 된 느낌입니다. 죽어라 일을 해야 하는 소가 됐다는 생각이죠."
"좀 특이한 증세군요. 언제부터 그런 느낌을 갖게 되었지요?"
환자는 곰곰이 생각하다 미소를 지으며 말했다.
"당연히 송아지 때부터지요."

정신병 환자를 치료하기 위해서는 명의도 같은 환자가 되어야 한다는 말이 있습니다. 그래야 대화가 되기 때문이지요. 아마 이것이 공감치료가 아닐까요. 요즘 우리 사회는 소통이니 공감이니 하는 말들이 홍수를 이룹니다. 그런데 여전히 불통과 불감으로 고통을 겪고 있습니다. 말로 하는 소통이나 공감이 아니라, 마음으로 하는 소통이나 공감이 없기 때문입니다. 생텍쥐페리는 "소중한 것은 눈으로 볼 수 없고 마음으로만 볼 수 있다."고 말했습니다. 어쩌면 마음은 말라 가고, 입만 살아 있는 세상에서 소가 된 느낌으로 살아가는 사람들이 점점 더 늘어나지 않을까 걱정입니다.

신세대 속담

젊어서 고생은 늙어서 신경통이다.
아는 길은 곧장 가라.
못 오를 나무는 사다리로 오르라.
호랑이에게 물려가도 영어만 잘하면 산다.
서당 개 삼 년이면 보신탕 감이다.
아니 땐 굴뚝에 연기나지 않는다.

　참으로 합리적인 해석입니다. 하지만 편하게만 생각하는 그 의도를 경계해야 합니다. 편하게, 쉽게만 살려 하는 신세대들이 어려운 일을 기피하고 부모에게 의지하면 미래가 불투명해집니다. 때로는 곡선이 직선을 이긴다는 지혜가 필요합니다. 내가 가면 길이라는 말이 있죠. 눈이 녹기를 기다리는 사람은 결코 리더가 될 수 없습니다. 눈길을 걸으면 곧 길이 됩니다. 늙어서 신경통이 걱정이 되어 젊어서 편하게 지낸다면 신경통보다 더 큰 고통이 찾아올 것입니다.
　역경을 넘어야 경력을 만들 수 있습니다. 어려운 경계를 넘어야 경지에 이를 수 있습니다. 편한 자리에 안주하게 되면 결국 남의 안주가 된다는 것을 기억해야 합니다.

두 발이 있는 이유

대학에 갓 입학한 어떤 자녀가 아빠에게 말했다.
"아빠, 저도 차 한 대 사 주세요."
"네 나이에 무슨 자동차냐?"
그러자 아들은 친구들이 차를 타고 다닌다면서 계속 졸라 댔다.
이에 아빠는 이렇게 타일렀다.
"아들아, 왜 신이 네게 두 발을 주었다고 생각하느냐?"
아들은 곰곰이 생각하더니 이렇게 말했다.
"한 발은 브레이크, 또 한 발은 액셀을 밟으라고요."

빠르게 가는 것이 결코 빨리 가는 것은 아닙니다. 『손자병법』에 돌아가는 것이 때로는 빨리 가는 것이라는 우직지계(迂直之計)의 전략이 있습니다. 요즘 젊은 세대들은 어디로 가는지조차 잊고 빨리 달리려 몸부림칩니다. 반대로 기성세대들은 걷기 열풍입니다. 걷기 동호회부터 지자체별로 둘레길 만들기 경쟁이지요. 일주일에 나흘씩 30분만 걸어도 대장암과 유방암을 예방할 수 있다는 연구 결과도 있습니다. 최첨단 교통수단이 만들어져도 걷기만은 포기하지 말아야겠습니다. 천천히 가더라도 건강하게 가는 것이 중요하니까요. 걸음이 인생의 거름이 된다는 진리를 믿어야 합니다.

전세난

요즘 전세난으로 집 없는 사람들의 고통이 커지고 있다.
어떤 신혼부부가 부동산 중개업소를 들렀다가 기절할 뻔했다.
"매입가나 전세가나 별 차이가 없어요."
집으로 돌아오는 길에 남편이 한숨을 쉬며 말했다.
"차라리 달팽이로 태어날 걸 그랬어."
아내가 깜짝 놀라며 물었다.
"왜 하필 달팽이죠?"
그러자 남편은 이렇게 말했다.
"달팽이는 태어날 때부터 집이라도 있잖아."

　태어날 때부터 집을 가지고 있는 사람은 행복할까요? 아니면 스스로 집을 짓는 과정이 행복일까요? 달팽이를 부러워하면 달팽이 족속에 불과합니다. 스티브 잡스는 "여정이 곧 보상"이라고 했습니다. 인생은 목적지에 이르는 것만이 아니라, 그 여정이 즐겁고 의미 있어야 한다는 말이지요. 아무리 집값이 비싸고 구하기 힘들어도 한 발씩 다가서다 보면 내 집이 보일 것입니다. 그 집이야말로 물려받은 집보다 얼마나 귀하고 아름답겠습니까. 달팽이를 부러워하지 말고 차라리 두꺼비처럼 제 집 짓기 위해 땀 흘리는 게 보람 있을 것입니다. 답답한 달팽이집을 그리워하지 말고 자신이 원하는 곳에 집을 짓는 두꺼비를 닮아 가야 하지 않을까요.

습관

평소에 욕을 달고 다니는 처녀가 있었다.
남자친구의 어머니를 처음 만나 인사를 하게 되었다.
남자친구 어머니는 고운 며느리 감을 보더니 매우 흡족해하며 첫 마디를 열었다.
"참 곱기도 하구나."
그러자 그 여자는 첫 마디로 이렇게 말했다.
"부끄러워요. 씨발."

언어가 무너지면 사고가 무너집니다. 게다가 어휘력은 그 사람의 사고력과 지적 능력을 의미합니다. 그런데 요즘 그 언어가 무너져 내리고 있습니다. 인터넷이 보급되면서 국적 불명의 문자가 판을 칩니다. 이를 갈리기는커녕 어른들도 무작정 따라 하지요. 자신이 사용하는 문자가 무슨 의미인지도 모르면서 말입니다. 이러다가 우리 민족의 가장 빛나는 창작물인 한글이 무너지지 않을까 걱정됩니다. 평소에 욕을 잘하는 사람이 죽어서 어찌 된 일인지 천국에 가게 되었습니다. 그는 아름다운 천국을 바라보면서 이렇게 감탄했습니다. "왜 이렇게 아름다운 거야, 씨발!" 말은 씨가 되고 영혼이 된다는 것을 명심해야 합니다.

백수의 논리

어떤 30대 젊은이가 오랜만에 동창회에 나갔다.
친구들이 서로의 근황을 물었다.
"넌 요즘 어떻게 지내?"
친한 친구의 말에 그는 이렇게 말했다.
"그냥 하던 일 계속하고 있어."
"무슨 일을 했더라?"
그러자 그 친구는 이렇게 말했다.
"놀고 있잖아."

대단하죠. 네, 놀면서 동창회에 당당히 나가 어울릴 수 있다는 것이 대단합니다. 직장이 없다는 이유로 집에 틀어 박혀 있는 사람에 비하면 이 얼마나 용기 있는 일입니까. 20대에 취업하면 가문의 영광이며, 30대에 취업하면 불가사의라는 말이 나도는 세상에서 말입니다. 더 많은 사람을 만나고 더 많은 정보를 얻다 보면 저절로 일터로 안내될 것입니다. 모든 걸 잃어도 사람만 잃지 않으면 된다는 말이 있습니다. 사람이 길이기 때문입니다. 하지만 내일(My Job)이 있어야 내일(My Future)이 있다는 말을 새겨들어야 합니다. 쥐구멍도 볕 들 날이 있다는데 어찌 노력한다면 세상이 외면하겠습니까.

착한 곰 이야기

어떤 등산객이 산에서 내려오다 그만 곰을 맞닥뜨리고 말았다.
곰이 노려보기 시작하자 눈앞이 캄캄해졌다.
그는 순간적으로 곰은 죽은 사람은 잡아먹지 않는다는 말이 떠올랐다.
그래서 땅에 엎드려 죽은 척했다.
곰이 다가오더니 이리저리 그를 굴려 보았다.
그냥 지나쳐 가던 곰이 잠시 망설이더니 다시 다가와서 죽은 척한 사람을 땅에 묻어 주고 갔다.

    곰을 이길 수 없다면 피해야 합니다. 그럼 피할 수 없다면 무작정 죽은 척해야 할까요. 그건 만난 곰 나름입니다. 이 착한 곰은 죽은 척한 사람이 얼마나 불쌍했으면 땅에 묻어 주고 갔을까요. 이것이 상황 판단이라는 것입니다. 무조건 따라 하다가는 이처럼 비극으로 끝날 수도 있습니다. 대중 속에 묻혀 제 아이디어를 내지도 못한 채 따라만 하다 보면 어느새 인생 종칠 수 있지요. 세상을 살면서 이러한 곰을 무수히 만날 수 있습니다. 그때마다 죽은 척 엎드려 있겠습니까?

천국에 가서 놀라는 이유

천국에 가면 세 번 놀란다고 한다.
첫 번째는 너무 아름다워서 놀란다
두 번째는 자신이 천국에 와서 놀란다.
그럼 세 번째 놀라는 이유는 무엇일까.
그 이유는 이러하다.
"어, 저 자식도 여기 왔네!"

　자신이 천국에 온 것은 놀랄 정도로 당연하게 여기면서 친구나 이웃이 온 것을 보고 놀라다니 이율배반이 아닐 수 없습니다. 자신만 착하게 살고, 다른 이들은 그렇지 않다는 시각이 죽어서까지 사람 마음을 지배하는 걸 보니 살아 있을 때는 그 맘이 오죽했을까요. 친구가 천국에 온 걸 환영한다면 그야말로 천국의 아름다움이 아닐까요. 친구가 천국에 온 걸 시기하는 한, 그곳은 이미 천국이 아닐 것입니다. 혹시 지옥을 보고 환상에 젖어 있는 것은 아닌지 의심스럽군요.

뚱보가 괴로운 이유

1. 남자의 경우 언제 출산할 거냐고 묻는 사람이 있다.
2. 여자의 경우는 '가슴이 좀 들어갔군요.'라는 말을 듣는다.
3. '보기보다는 날렵하군요.'라는 말을 듣는다. (특히 회식 자리에서)
4. 정작 뚱보대회에서 얻는 것은 없다.
5. 가끔 돼지를 볼 때마다 위안을 얻는다.
6. '체중기에는 한 발만 올려놓으세요.'라고 목욕탕 주인이 말한다.
7. 소싯적에 날씬했다고 말해도 들어 주는 사람이 없다.
8. 안 먹는데도 살이 찐다며 걱정해도 주변 사람들은 거짓말한다고 말한다.
9. 식당에 혼자 가도 '몇 인분 드릴까요?' 하고 묻는 경우가 있다.
10. 배를 탈 때면 항상 가운데 자리에 앉으라는 말을 듣는다.
11. 버스를 타고 가는데 갑자기 펑크가 났다. 그런데 사람들이 자신을 바라보고 있다.
12. '세탁비는 서비스로 다른 손님과 똑같이 받을게요.'라는 말을 듣는다.
13. 옷가게를 지나가는데 모두 붙고 입어 보라며 난리다. 정작 그가 지나갈 때는 외계인 보듯이 말 한 마디 붙이지 않는다.

    비만이 모든 질병의 원인이라고 합니다. 식량이 부족해 흙을 먹기도 하고, 굶어 죽는 사람이 넘치는 나라도 있는데 우리는 너무 많이 먹어 문제이지요. 사람의 몸이 70%의 물과 30%의 지방으로 이루어져 있다고 하는 사람도 있습니다. 여기저기서 헐떡거리는 소리가 죽어가는 신음소리처럼 들리지 않으세요? 덜 먹어야 오래 산다는 진실을 건성으로 들으면 나중에 휠체어 타고 후회할 수도 있습니다.

금시초문

어느 사무실에 여직원이 섹시한 미소를 지으며 커피를 들고 팀장에게 다가왔다.
"팀장님, 저처럼 예쁘고 말도 잘하고 일도 잘하면 네 자로 뭐라고 말하죠?"
그녀가 기대하는 대답은 금상첨화였다.
그러나 팀장은 망설이지 않고 과감히 말했다.
"과대망상?"
"아니 팀장님, 저를 보고 제대로 말해 줘요."
"자화자찬?"
그녀는 힌트를 줬다.
"금자로 시작하는 거예요."
"아, 금시초문."

나폴레옹은 평소에 칭찬받는 것을 꺼려했다고 합니다. 그런데 어느 날, 한 부하가 그에게 말했습니다. "저는 장군님을 존경합니다. 제가 장군님을 존경하는 것은 장군님의 칭찬받기 꺼려하는 그 마음이 존경스럽기 때문입니다." 이 말을 들은 장군은 매우 흡족해했다고 합니다. 그 역시 칭찬받기를 꺼려해서 존경한다는 칭찬에는 약했던 것입니다. 가식 없는 따뜻한 칭찬 한 마디는 에너지가 되고 존재감을 불러일으키는 동력이 됩니다. 인간은 늘 칭찬에 굶주려 있다는 사실을 기억하세요.

초보운전

직업이나 사람에 따라 초보운전을 알리는 문구도 다양하다.
어느 시인의 초보운전 문구.
"초보, 그 자체."
어떤 충청도 아줌마의 초보운전 문구.
"첨이유, 박지 마유."
서울 시내 어떤 아줌마의 엽기적인 문구.
"4시간째 직진 중."

처음처럼 운전한다면 다툴 일이 없을 것입니다. 사고 날 일도 없을 것이고요. 처음 핸들을 잡고 운전하던 그 순간을 잊지 마세요. 인간사 매일을 처음 순간처럼 살긴 힘들겠지요. 그렇지만 처음의 마음 자세는 배움과 겸손의 자세입니다. 초심이 좋으면 '끝심'도 좋습니다. 그렇다고 초심으로 돌아가기 위해 매일 처음처럼을 마셔대면 안 되고요.

천당에 간 이유

총알택시 기사와 목사가 같은 날 죽어 하늘에 불려 갔다.
그런데 기사는 천당으로 보내 주고 목사는 조사 중이었다.
화가 난 목사가 따졌다.
"아니 착한 일만 하면서 살아 온 날 왜 조사하는 거요? 그리고 선량한 사람들 목숨을 담보로 돈을 번 총알택시 기사는 왜 저리 천당으로 빨리 보내 주는 겁니까?"
그러자 베드로가 이유를 말했다.
"당신이 기도할 때는 많은 사람들이 졸았지만, 저 기사가 운전할 때 사람들은 날 보고 살려 달라고 기도했다네."

    어떤 목사가 설교 중에 졸고 있는 신자를 향해 말했다. "자매님께서 졸고 있는 형제를 깨워 주세요." 그러자 졸고 있던 신자가 혼잣말로 말했다. "잠들게 한 게 누군데 누구더러 깨우라는 거야." 설교를 잘하는 것은 하느님 말씀을 잘 전달하는 데 있지 않습니다. 일단 신자들을 잠들지 않도록 하는 게 우선이지요. 어쩌면 총알택시 기사처럼 하느님을 찾아 스스로 기도하도록 자극하는 것이 천당에 빨리 가는 길인지도 모르겠습니다.

바보 사인

어떤 유명 강사가 열정적으로 강의하는데 갑자기 한 청중이 강사에게 메모를 전달했다. 조심스럽게 메모를 펼쳐 보니 이런 욕이 쓰여 있었다.

"바보."

그러나 강사는 당황하지 않고 재치 있게 말하여 청중의 웃음을 끌어냈다.

"어떤 분이 편지를 쓰고 서명을 안 했다는 말을 들은 적이 있는데, 이분은 편지는 쓰지 않고 서명만 했군요."

이 얼마나 통쾌한 유머인가요. 그래서 유비무환이라고 하나 봅니다. 유머만 있으면 두려울 것이 없지요. 유머 감각을 키우는 방법에는 세 가지가 있습니다. 우선 타이밍(Timing)이 맞아야 하고 장소(Place)가 적합해야 합니다. 마지막으로 상황(Occasion)이 맞아 떨어져야 하지요. 이것을 TPO 기법이라 합니다. 유머를 했는데 아무도 웃지 않아 썰렁했던 경험이 있나요? 아마 세 가지 중 하나가 원인일 수 있겠군요. 태어나면서부터 유머 감각이 뛰어난 사람은 없습니다. 훌륭한 유머리스트는 노력하는 사람입니다.

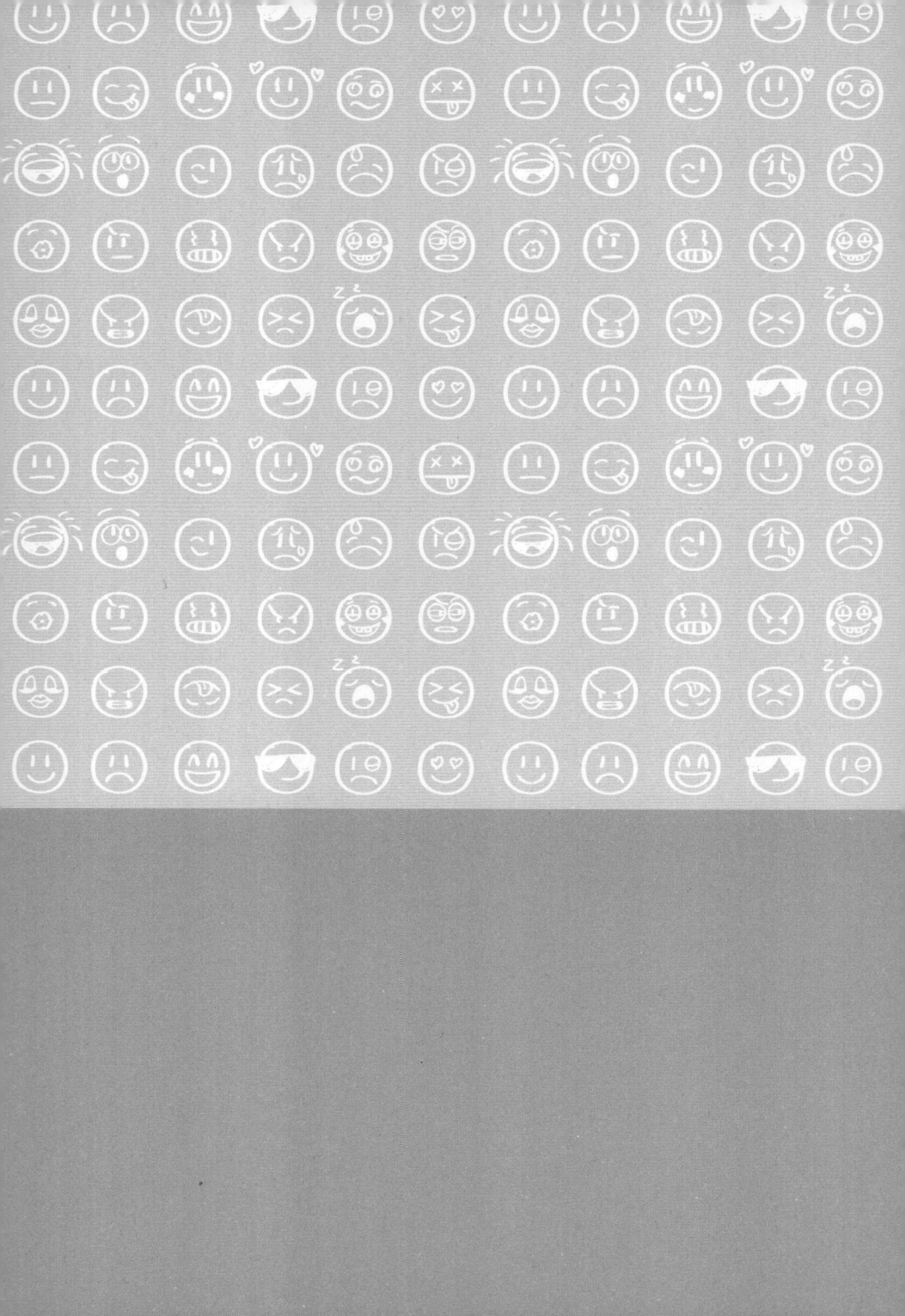

7장

행복을 불러오는 유머

> 웃는 사람은 웃지 않는 사람보다 더 오래 산다.
> 건강은 실제로 웃음의 양에 달렸다는 것을 아는 사람은 거의 없다.
> – 제임스 월쉬

여러 번 찔러 드릴까요?

감기 환자 한 분이 병원에서 주사를 맞고 나서 따졌다.
"아니, 감기 주사 한 방이 이렇게 비싸단 말인가요?"
환자의 말을 듣고 있던 간호사가 점잖게 한 마디 했다.
"그럼, 여러 번 찔러 드릴까요?"

참 재치 있는 답변입니다. 이런 상황에서도 웃지 않는 사람이 있다면 그는 아마도 인간의 지적 능력을 갖지 못한 사람일 것입니다. 중국의 유명한 작가 임어당은 "유머는 인간이 가진 가장 고상한 지적 능력"이라고 하였습니다. 그래서 어떤 논리적인 분쟁 앞에서도 한 마디 유머면 상황을 반전시키며 이길 수 있다고 합니다. 이것이 유머의 힘이지요.

"그대의 마음을 웃음과 기쁨으로 감싸라. 그러면 인체에 해로움을 막아 주고 생명을 연장시켜 줄 것이다."라고 일찍이 셰익스피어는 웃음이 인체에 미치는 효과에 대하여 말한 바 있습니다.

웃음은 즐거움만 주는 것이 아닙니다. 웃음에는 암세포도 죽일 만큼 강력한 치유력이 있습니다. 미국 인디애나주의 볼 메모리얼 병원에서 환자들에게 나누어 주는 건강지침 책자에는 "하루에 15초 웃으면 일생을 통해 이틀을 더 산다."는 문구가 있다고 합니다. 일찍이 의사의 아버지라 불리는 히포크라테스도 "마음이 가장 훌륭한 의사"라고 말하지 않았던가요. 웃음은 긍정적인 사고를 불러 오고, 불필요한 잡념과 걱정거리들을 몰아냅니다. 또한 면역력을 증강시켜 신체 방어 기능을 강화합니다. 결국 웃음을 주는 것은 건강을 선물하는 것입니다.

천국과 지옥

목사님이 설교 시간에 아이들에게 물었다. "여러분, 천국이 어디 있는지 알아요?"
많은 아이들이 "하늘나라요." 하고 소리쳤다.
그런데 한 아이가 일어나더니 이렇게 말했다. "천국은 우리 집 화장실에 있습니다."
목사는 놀라며 물었다. "아니, 왜 너희 집 화장실이 천국이니?"
그러자 그 아이는 자신감 넘치는 목소리로 말했다.
"우리 아빠는 매일 아침 화장실 문을 주먹으로 쾅쾅 두드리며 소리쳐요. 오 마이 갓! 당신 아직도 거기 있어?"

여러분은 천국이 어디 있다고 생각하세요? 혹시 술잔 속에 있는 건 아니겠죠? 아무리 좋아도 신이 없으면 의미가 없다고 말합니다. 그래서 Good에서 God를 빼면 0이 된다고들 말하죠. 반대로 아무것도 없는 0 상태에 God을 더하면 Good이 된다고 합니다. 물론 신은 각자가 믿는 대상일 수 있습니다. 그러나 우리들 혼자의 힘으로는 때로는 무력함을 느끼는 것이 인지상정 아닌가요? 저는 천국이란 죽어서 가는 곳이 아니라고 믿습니다. 살아서 천국어 듣지 못하면 죽어서도 들 수 없는 곳이기 때문이죠. 마음이 머무는 곳이 천국이라 믿기 때문입니다. 물론 급할 때는 화장실 문을 두드리며 "오 마이 갓(Oh my God), 도와주세요. 쌀 것 같아요." 하며 소리칠 수도 있겠죠. 법정스님은 이렇게 말했습니다. "풍부하게 소유하려 들지 말고 풍부하게 존재하라." 그분 말씀은 소유에 집착하는 곳에는 천국이란 없다는 것이 아닐까요. 오늘 한번 뒤돌아보세요. 과연 내 마음은 어디에 머무는가.

웃음태교

"엄마, 왜 그래? 어디 아파?"
"괜찮아. 뱃속에 아기가 발길질을 하는구나."
"그럼 혼내 줘야지. 벌써부터 발길질하면 나중에는 또 무슨 짓 할 줄 알아?"
"그래도 귀엽잖니?"
엄마의 말에 아이는 잠시 고민하더니 이렇게 말했다.
"그럼 여기 과자 먹어 봐!"

아마 뱃속의 동생이 버릇없다고 걱정 꽤나 하는 것 같군요. 하긴 그게 나쁜 짓이라면 고쳐야죠. 요즘은 뱃속 버릇이 죽을 때까지 간다고 하잖아요. 습관이 그렇게 무서운가 봐요. 그래서 웃음태교라는 것이 유행하죠. 뱃속에 있을 때부터 웃겨 주면 혹시 아나요, 아이가 태어날 때 웃으면서 태어날지. 하여튼 웃음은 전염된다고 하니 가정에서나 직장에서 웃을 수 있는 문화를 만들어 나가는 것이 중요하겠죠. 아리스토텔레스는 "인간은 습관의 산물"이라고 말했습니다. 그러니 웃는 습관이야말로 얼마나 중요한가요.

웃을 일이 없는 게 아니라 웃을 마음이 없다는 평범한 진리를 되새겨야 합니다. 웃기만 해도 부족한 인생인데 찌푸리며 살 이유가 어디 있겠습니까.

천당 가는 길

어느 날 초등학교 앞에서 한 목사가 아이들에게 다가서며 말했다.
"내가 너희들에게 천당 가는 길을 알려 주겠다."
그랬더니 아이들이 이렇게 말했다.
"수업 끝나면 엄마가 곧장 집으로 오라 했어요."

    참으로 천당 가기 어려워지는군요. 그런데 요즘은 천당 가기가 더 어려워졌다고 합니다. 옛날에는 착한 일만 많이 하면 쉽게 갈 수 있었는데 길게 늘어진 줄 때문에 여간 힘든 일이 아니라 하는군요. 그럼, 왜 천당 가기가 더 까다로워졌을까요? 성형수술을 많이 해서 일일이 확인하는 절차가 까다롭기 때문이라고 합니다. 신이 준 얼굴을 그대로 가꾸는 것만으로도 베드로의 수고를 덜어 주는 선행을 하는 게 아닐까요? 스티븐 코비 박사는 성공하려면 외모 가꾸기보다 자신과의 대화가 절실히 요구된다고 말합니다. 그가 성공하는 사람들의 여덟 번째 습관으로 "내면의 소리를 들으라."고 외치는 이유가 여기에 있죠.
    그래서 신은 우리에게 가장 소중한 보물을 세상 어느 곳이 아니라 우리 마음속에 숨겨 놓았다고 하는가 봅니다. 그러니 세상을 뒤지는 어리석음을 보이는 대신, 내 마음속을 뒤져야 하지 않을까요.

천사들

어떤 어린아이가 집 안에 보관해 오던 케케묵은 성경책을 들춰 보다가 성경책에서 뭔가 떨어지는 것을 발견했다.
유심히 관찰해 보니 오래된 나뭇잎이었다.
그 아이는 흥분된 목소리로 달려가 엄마에게 말했다.
"엄마, 지금 제가 뭘 발견했는지 아세요?"
"뭔데 그러니?"
엄마의 물음에 아이는 이렇게 말했다.
"아담의 옷을 발견했어요."

이러한 순수함을 잃어 가는 것이 때로는 두려울 때가 있습니다. 순수함을 잃는 것이 행복을 잃는 것 같은 불안감을 주기 때문이죠. 천진난만이라는 말을 이제는 케케묵은 사전 속에서나 볼 수 있는 세상이 되어 가고 있어 쓸쓸합니다. 나뭇잎을 아담의 옷이라고 떠드는 아이처럼 순수함을 잃지 않을 때 우리는 행복해집니다. 알고 보면 우리들은 순수함의 덩어리인데 언제부터 이렇게 눈이 멀고 마음이 막혀 있는지 모를 일입니다.

신은 우리 모두를 천사로 만들었는데 우리는 자꾸 악마를 동경하는 것 같아 쓸쓸합니다. 무엇이 우리를 그렇게 만들고 있는 걸까요. 잠시나마 천사로 태어난 내 모습을 그려 봅니다.

낙하산과 얼굴의 공통점은?

아이들이 어른보다 오래 산다.
그 이유가 무엇일까?
어른보다 많이 웃기 때문이다.

많은 연구에서 웃음이 모든 면에서 특효가 있다는 사실을 밝히고 있습니다. 그런데 요즘은 웃을 일이 없다 투덜댑니다. 서양 속담에 "하느님 앞에서는 울어라. 그러나 사람들 앞에서는 웃어라."라는 말이 있습니다. 한 연구에 의하면 아이들은 하루에 300번 이상을 웃는다고 합니다. 그런데 어른은 기껏해야 15번 정도 웃는다는 것입니다. 무엇이 어른들의 웃음을 빼앗아 갔을까요. 스스로 웃기를 포기한 것은 아닐까요. 한 번 웃으면 인상이 바뀌고, 매일 웃으면 인생이 바뀐다고 하죠. 웃는 얼굴은 신뢰감을 줍니다. 이것이 후광효과죠. 명심하세요. 웃지 않는 사람은 그저 얼굴을 몸에 달고 다니는 것에 지나지 않는다는 걸. 이런 말도 있죠. 거울은 결코 먼저 웃지 않는다! 게다가 거울은 절대 거짓말을 하지 않습니다.

낙하산과 사람 얼굴의 공통점이 무엇인지 아십니까? 펴져야 산다는 겁니다. 힘들다고 웅크리지 말고 그냥 한번 허허 하고 웃어 봅시다. 웃는 게 세상을 바라보는 시각을 바꾸는 길임을 기억하세요.

청소 아줌마의 경고

어느 백화점 화장실에 이런 문구가 붙어 있다.
"제발 한 발짝만 앞으로 다가서세요. 흘리는 것은 당신의 거시기가 작다는 것을 세상에 알리는 거니까요. 청소 아줌마 백."
또 어떤 휴게소 화장실에는 이런 경고가 붙어 있다.
"다가서라. 넌 장총이 아니라 권총이다!"

　흘리지 말라는 어떤 경고나 애원보다 더 설득력 있는 표현 아닌가요. 이처럼 유머는 비용을 절감하게 해 주는 경제적인 효과도 갖고 있습니다. 다양한 방법을 통해 유머 바이러스가 조직 곳곳에 스며들게 해야 하는 이유입니다. 하버드 의대의 조지 베이런트 교수는 66년간에 걸쳐 하버드 졸업생 268명의 인생을 추적 조사한 바 있습니다. 이 조사 자료에 의하면 학업 성적이 인생의 성공이나 행복을 결정하는 데 미친 영향은 극히 일부분에 지나지 않았다고 합니다. 성공한 사람들에게는 웃음과 유머가 공통적인 특성으로 나타났다고 베이런트 교수는 밝히고 있습니다. 스탠퍼드대학교의 정신과 교수인 윌리엄 프라이는 "웃음은 잠재의식을 일깨우는 가장 고상한 길"이라고 말한 바 있습니다. 가정이나 직장에서 구성원들에게 사기를 심어 주고, 그들의 잠재력을 일깨우는 데 유머가 탁월한 효과가 있다면 어찌 서로 웃기고 웃는 일을 마다할까요. 일상의 틀이나 매너리즘을 깨는 데도 유머는 힘을 발휘합니다. 매너리즘에 빠지면 규칙만을 따르려 하는 이른바 복지부동으로 생산성과 창의성을 죽이는 일에만 얽매이게 될 텐데, 유머는 이 심각한 지경을 막아 주죠.

오늘이 선물이다

하루살이가 모기와 소개팅을 마치고 헤어졌다.
그런데 모기가 애프터 신청을 했다.
"우리 내일 다시 만날까?"
그랬더니 하루살이가 말했다
"난 내일이 없어!"

모기는 이 말을 듣고 후회했습니다. 하루살이의 마지막 날인 줄 알았더라면 좀 더 잘해 줄 것을요. 하지만 하루살이는 그날이 인생 최고의 날이었으며 가장 열정적으로 살았는지도 모를 일이지요. 황금보다 더 가치 있는 금이 있습니다. 바로 "지금"이지요. 이해인 수녀님은 "오늘은 그토록 내가 바라던 날이며 남은 인생을 살아야 할 첫날이다."라고 말했습니다. 그러니 오늘이 축복이요, 선물입니다. 임제 스님은 즉시현금 경무시절(即時現金 更無時節)이라 했습니다. 이는 '바로 지금이 행할 때이다. 그렇지 않으면 다시 이 시절은 없다.'는 말로 한마디로 지금 이 시간이 전부라는 뜻입니다. 당나라 시인 백거이가 쓴 「술잔을 들며(對酒)」라는 시가 여기에 잘 어울립니다. "달팽이 뿔 위에서 무엇을 다투는가 / 부싯돌 번쩍하듯 찰나에 사는 몸 / 풍족하거나 부족하거나 그대로 즐겁거늘 / 하하 크게 웃지 않으면 그대는 바보라네."

웃음의 어원

"돈이다. 웃으면 돈이 굴러오니까."(사업가)

"음식이다. 웃는 놈이 맛있으니까."(식인종)

"사랑이다."(연인들)

"수능 점수다. 웃을수록 기억이 잘 나니까."(고 3 학생들)

"위장이다. 거짓을 숨길 수 있으니까."(정치인)

"상품이다."(웃가게 주인)

"약이다."(웃음치료사)

"희망이다."(실직자)

"마약이다. 사람을 취하게 하니까."(행복강사)

"전략이다."(제비족)

"천사다."(유치원 교사)

"용서다."(부처)

직업별로 혹은 하는 일에 따라 웃음이 의미하는 바가 다른 이유는 무엇일까요? 그만큼 자신의 현실을 잘 대변하거니와, 경우에 따라서는 희구의 대상이 될 수도 있기 때문이겠죠. 유머리스트가 되고 싶고, 유머 리더십으로 성공하고 싶으면 주변에 웃음 많은 사람과 어울려 보세요. 그들의 웃음에 당신은 분명 전염될 것이고, 그들을 따라 하다 보면 어느새 유머리스트가 되어 있을 것입니다. 유머 전문가들은 대부분 어린 자녀를 통하여 열린 마음을 갖게 된다고 합니다.

신비의 약

어느 날, 폭소클럽에 다녀온 남편이 화장실에서 부인에게 소리치며 즐거워했다.
"여보, 이리 좀 와 봐."
"새벽부터 웬 난리예요?"
"내 똥 줄기 좀 보라구. 한 바가지는 나왔어."

변비로 고생하던 이 남자를 해방시킨 것은 무엇일까요. 다름 아닌 웃음이죠. 폭소클럽에 가서 마음껏 배꼽을 쥐고 두어 시간 웃어 댔더니 체내에 쌓였던 노폐물이 싹 씻겨 내려온 것입니다. 웃음은 한 개인의 노폐물만이 아니라 함께 어울려 사는 집안 식구들의 때도 닦아냅니다. 이처럼 웃음을 통해 집안의 갈등이나 스트레스가 빠져나가야 합니다. 그렇게 웃음 넘치는 신나는 가정이 되어야 합니다. '우리가 가장 헛되이 보낸 날들은 웃지 않았던 날들이다.'라는 서양 속담이 있습니다. '웃음은 울음보다 멀리 들린다.'는 독일 속담도 있습니다. 웃음 약을 드셔보세요. 만인이 평등한 것은 바로 신이 골고루 웃음 약을 나누어 주었기 때문 아닐까요.

웃음은 암세포도 죽인다고 하죠. 이 정도면 웃음이야말로 최고의 의사요, 신비의 약임에 틀림없습니다. 그런데 왜 이 약을 멀리하는 걸까요? 그냥 먹으면 될 텐데 우리는 너무나 많은 이유를 달고 사는 게 아닐까요.

장수의 비밀

100세 할머니가 105세 영감에게 말했다.
"영감, 우리가 오래 사는 걸 보니 염라대왕이 데려가는 걸 잊었나 봐요."
그러자 영감이 할망구의 입을 가리며 놀란 듯이 말했다.
"쉬!"
할망구가 물었다.
"왜 입을 막고 그래요?"
그러자 영감이 말했다.
"듣는단 말이야."

　　100세 이상 사는 분들의 공통점이 유머가 있다는 통계가 있습니다. 이 노부부의 사연을 듣고 보니 더욱더 그 통계에 신뢰가 가네요. 이 정도 수준의 유머 감각이야말로 건강과 장수의 비결 아닐까요. "인생은 너무 가까이 보면 비극이지만 멀리서 보면 희극"이라는 찰리 채플린의 말을 귀담아 들을 필요가 있습니다. 유머를 잃고 아등바등 먹고사는 일에 지쳐 그날이 그날인 사람들에게 인생은 비극일 수 있지요. 그렇지만 인생을 다른 각도에서, 때로는 엉뚱한 생각으로 바라본다면 정말 내가 어디에 사는지 염라대왕도 잊지 않을까요? 오래 살려면 내가 어디에 있는지 모르게 염라대왕을 속이면 됩니다. 물론 유머였습니다.

웃다가 죽어서

어떤 사람이 죽어서 천국에 갔다.
"너는 어찌 벌써 왔느냐?"
염라대왕이 놀라 물었다.
그러자 그는 "웃다가 죽었다."고 말했다.
"웃으라고 세상에 내보냈거늘 어찌 웃다가 죽는단 말인가?"
염라대왕은 사자를 불러 그의 죽음을 다시 조사하라고 지시했다.
잠시 후 사자는 이렇게 보고했다.
"번개 치는 데 사진 찍는 줄 알고 웃다가 죽었다 하옵니다."

설사 웃다가 죽을지언정 매일 긍정적으로 살아야 합니다. 이것이 복잡한 현실을 이끌어가는 리더의 첫 번째 덕목입니다. 웃는 돼지는 맛도 좋다는데, 하물며 만물의 영장인 인간이 웃으면 좋은 일이 얼마나 많이 일어날까요. 빅토르 위고는 "삶이 진지할수록 유머가 필요하다."고 말했습니다. 진지하고 심각하게 생각하면 딱딱한 결과만 나옵니다. 좀 더 가벼워져야 합니다. 높이 나는 새일수록 뼛속까지 비운다고 하지 않나요. 골공(骨空)의 삶을 사는 새에게서 배워 봅시다. 가벼워져야 오래 사는 것은 의학 상식이기도 합니다. 하여튼 언젠가는 다 버려야 할 것들, 조금만 일찍 버리면 더 유쾌하고 행복하지 않겠습니까.

아내의 부활

어떤 부부가 예루살렘 지방을 여행했는데, 아내가 교통사고로 죽게 되었다.
국내에서 장례를 치르기 위해서는 엄청난 항공료와 비용이 문제였다.
그런데 예루살렘에서는 전혀 비용이 들지 않고 모든 것이 무료였다.
하지만 남편은 엄청난 비용을 들이면서 아내를 국내로 들여와 장례를 치르겠다고 고집했다.
가까운 친구가 물었다.
"왜 굳이 국내에서 장례를 치르려 하는가?"
그러자 그 남편은 당찬 목소리로 말했다.
"예루살렘에 묻으면 3일 후에 부활할지도 모르잖아."

'아내는 남편의 집'이라는 서양 속담이 있습니다. 그런데 아내가 얼마나 무서우면 이런 유머가 나왔을까요. 그래도 그 남편은 마음속으로는 아내의 부활을 위해 기도했을 것입니다. 조강지처만한 그늘이 없기 때문이지요. 장수의 조건 중에 하나가 잠자리에서 일어나 말벗을 나눌 수 있는 배우자를 바라보는 것이라 합니다. 최근 조사에서 나온 100세 이상 사는 분들의 공통점을 보니 긍정적인 대화를 많이 했다고 합니다. 마주 보고 떠들 수 있는 배우자가 옆에 있다는 것, 이 얼마나 행복한 일입니까.

위조지폐

"세상에 믿을 놈 하나 없단 말이야!"
옷가게 주인이 투덜대며 말했다.
그러자 친구가 물었다.
"왜 그러는가?"
"글쎄 손님한테 십만 원짜리 위조지폐를 받았지 뭔가."
위조지폐를 구경 못해 본 친구는 말했다.
"어디 좀 보세."
그러자 옷가게 주인은 가볍게 한 마디 했다.
"벌써 써 버렸다네."

　돈이 제갈량이라는 말이 있습니다. 돈은 귀신도 부린다는 속담도 있습니다. 서양에서는 '돈이 말한다(Money Talks).'는 속담이 있죠. 돈이면 뭐든지 할 수 있다는 믿음 때문입니다. 그런데 이런 재미난 속담도 있습니다. '돈만 있으면 처녀 불알도 살 수 있다.' 하긴 귀신도 부리는 것이 돈이라는데 요즘 같은 의학 기술로 처녀 불알 만들기는 식은 죽 먹기일 수도 있겠죠. 하지만 돈은 행복의 절대 요소가 아닙니다. 이는 심리학이나 행복을 전문으로 연구하는 사람들의 자료나 통계에서 볼 수 있습니다. 이도 믿지 못한다면 가장 확실한 증거가 하나 더 있습니다. 죽음을 기다리는 사람들 모두 돈이 별거 아니라며 긴 한숨을 내쉰다는 것이죠.

시댁 쪽으로

어떤 부부가 산책을 하다 말다툼이 벌어졌다.
화난 상태에서 집으로 돌아오는데 아이들에게 싸운 모습을 보이고 싶지 않았다.
하지만 자존심 때문에 먼저 말 걸기를 주저했다.
때마침 강아지 한 마리가 지나갔다.
남편이 퉁명스럽게 한 마디 던졌다.
"여보, 당신 친척 지나가니 인사 좀 해."
그러자 아내는 당당하게 말했다.
"맞아요. 우리 친척입니다."
그리고 이렇게 덧붙였다.
"시댁 쪽으로."

이 얼마나 통쾌한 공격입니까. 여기서 남편이 오히려 화를 내며 반격한다면 남편이 아니죠. 그 정도면 짐승일 테니까요. 싸움도 유머 있게 합시다. 그래야 품격이 높아집니다. 하긴 공중부양하고 망치가 날아다니고 응급차에 실려 나가는 것이 한국의 정치 리더들이고 보면 유머를 생각할 겨를이 없을 것입니다. 먼저 치고 보는 것이 이기는 것이라 믿는 자들에게는 말입니다. 유머를 억지로 배우려 하지 마세요. 그저 마음을 열면 다 재미있게 보입니다. 어느 날 아내가 치킨을 먹으며 물었습니다. "여보, 우리나라는 왜 배달음식이 급성장하는지 알아요?" 왜냐고 묻자 아내는 능청스럽게 이렇게 말하는 것입니다. "배달의 민족이니까." 이쯤 되면 치킨을 먹는 것이 아니라 행복을 먹는 것이겠죠.

행복한 여성

창세기 이래 가장 행복한 여인은 누구일까.
"이브와 성모 마리아."
이브는 시어머니를 모신 적이 없고, 마리아는 며느리를 거느린 적이 없으니까.

고부 갈등의 단면을 보는 것 같습니다. 그런데 요즘은 점차 고부 갈등이라는 말이 사라지고 있다고 하네요. 여성의 사회 활동이 늘어나면서 처가 쪽에 가까이 살다 보니 고부 갈등 대신 장서 갈등이 대두되고 있습니다. 장모와 사위 간의 관계가 고부 갈등만큼이나 심각한 문제로 나타나고 있다는 것입니다. 예부터 뒷간하고 처갓집은 멀어야 좋다고 했는데 너무 가까이 지내다 보니 남자들이 새로운 스트레스의 주인공으로 나타나고 있는 것입니다. 사위 사랑은 장모라 했는데 이런 아름다운 미덕도 점차 사라지는 것 같아 가슴 아픕니다.

고부 갈등이든 장서 갈등이든 집안이 편안해야 만사가 순조롭게 이루어집니다. 그래서 요즘은 만사애통(萬事愛通)이라는 말이 있죠. 만사가 사랑을 통해 이루어진다는 말입니다. 가정에 사랑이 부족하기에 갈등이 싹트는 거 아닐까요.

사랑은 결코 실패하지 않는다고 성경에 기록되어 있습니다. 왜 예수는 사랑하라는 유언을 남겼을까요. 사랑이 길이기 때문이라는 생각이 듭니다. 그래서 인사불성을 외쳐야 합니다. '인간을 사랑하면 불가능한 일도 성공으로 만들 수 있다.'

코를 풀 만한 곳

부정한 방법으로 돈을 많이 번 어느 부자가 친구를 자기 집에 불렀다.
그는 여기저기를 구경시켜 주며 자랑하느라 여념이 없었다.
얘기를 듣고 있던 친구는 사방을 두리번거리다가 갑자기 친구의 얼굴에 코를 풀었다.
그러자 부자는 이게 무슨 짓이냐며 화를 냈다.
그러자 친구는 귀에다 대고 이렇게 속삭였다.
"네 집이 너무 화려해서 코를 풀 곳이 없잖아."

　세상 어디를 뒤져 봐도 하늘나라에 가지고 갈 수 있는 것은 한 가지도 없습니다. 그저 나눔과 배려가 가지고 갈 수 있는 품목이 아닐까요. 언젠가는 다 내려놓아야 한다는 것을 알아야 합니다. 미리 내려놓으면 더 멀리 가고 더 편안해질 텐데. 너무 늦으면 나누어 주라는 말도 못한 채 휠체어에 갇혀 헤매게 될지도 모를 일입니다. 떠날 때는 누구나 절실히 깨닫게 된다는 '나누면 더 커진다.'는 역설을 미리 알면 얼마나 좋을까요.
　영원히 가질 것처럼 착각하고, 영원히 살 것처럼 설쳐대서 인간사가 뒤틀리고 무질서해집니다. 그래서 비움이 채움이고, 내려놓는 것이 얻는 것이라고 성현들이 외쳐대고 있는 것인지도 모릅니다.

행복한 수다

전화만 잡으면 한 시간씩 통화하는 주부가 있었다.
어느 날은 두 시간 가까이 통화하고 나서 이렇게 끊었다.
"그럼 자세한 것은 만나서 얘기하자."
그런데 어느 날 저녁에는 20분 만에 통화를 끝냈다.
남편이 너무 신기해서 물었다.
"오늘은 무슨 전화인데 그렇게 일찍 끊었어?"
그러자 아내는 대수롭지 않게 말했다.
"응, 잘못 걸려 온 전화야."

    수다가 점차 사라지고 있습니다. 스마트폰에 빠져 지내다 보니 대화 시간이 그만큼 줄어드는 것입니다. 다행일까요, 불행일까요? 최근 행복과 관련해 조사한 결과에 따르면, 100세 수명을 사는 사람들은 누군가와 수시로 수다 떨고 어울린다고 합니다. 수다가 장수의 비결이 된다는 것입니다. 누군가와 대화할 수 없는 상황에 처한 것만큼 외로운 것은 없겠죠. 첨단 기술이 판치는 스마트 시대일지라도 아날로그 시대의 수다만은 지켜져야 하지 않을까요.

    수다가 다수의 수명을 연장해 준다면 수다를 멀리할 이유가 없겠죠. 그런데 한 가지 명심할 게 있습니다. 남을 비방하는 소재로는 절대 수다 떨지 맙시다.

먹는 게 남는 세상이라!

10대 둘이 나쁜 짓을 하다 경찰서로 잡혀 왔다. 경찰관이 딱 한 번 통화할 기회를 주었다.
그들은 어딘가에 전화를 걸더니 매우 심각한 표정으로 통화를 마쳤다.
한참 후 어떤 남자가 경찰서 안으로 달려 들어와 그 청소년들을 찾았다.
경찰관은 그 남자에게 조심스럽게 물었다.
"혹시 이 아이들의 보호자인가요?"
그 남자가 어리둥절하여 머뭇거리자 경찰은 다시 물었다.
"아, 그럼 이 아이들 변호사인가 보군요."
그러자 그 남자는 이렇게 말했다. "아뇨, 피자 배달 왔는데요!"

참으로 황당한 일이죠. 그래서 먹는 게 남는 세상이 되었나 봅니다. 이 또한 가정교육의 문제라고 봅니다. 내 자식 살찌우는 게 부모들의 과보호 내지는 욕심에서 비롯된다는 겁니다. 그래서 요즘은 청소년 비만이 사회 문제가 되고 있죠. 장기적으로는 이들의 비만이 엄청난 사회 비용으로 이어진다는 연구가 나오고 있습니다. 특히 소아 당뇨병이나 성인병은 노동력을 떨어뜨리고 경쟁력을 약화시키는 요인으로 작용하게 될 거라는 겁니다.

입대한 아들

군에 간 아들에게 엄마가 편지를 보냈다.
"아들아, 아직도 네 방에서는 너의 따뜻한 온기가 느껴진단다."
그리고 한 달 후 군에 있는 아들로부터 답장이 왔다.
엄마는 반가워 눈물을 흘리며 읽기 시작했다.
그런데 편지 첫 줄에 이렇게 쓰여 있었다.
"엄마, 죄송해요. 군에 오는 날 전기장판 코드를 안 뽑은 것 같아요."

우리는 대부분 믿는 대로 생각하고, 믿는 대로 봅니다. 어떻게 마음먹느냐에 따라 시끄러운 소음도 아름답게 들릴 수 있고, 아름다운 노랫소리도 소음처럼 들릴 수 있습니다. 그러니 무작정 믿기 전에 올바로 보는 것이 중요합니다. 아들을 너무 사랑한 나머지 전기담요의 뜨거움을 아들의 온기로 믿었던 이 어머니는 아까운 전기세가 나가는 것을 몰랐겠지요. 늘 나의 믿음이 옳을 수는 없습니다. 잘못된 믿음을 가지고 있는 것은 아닌지 점검하며 늘 바르게 보는 습관을 길러 보는 것은 어떨까요?

위기 관리

꾀 많기로 소문난 김 대리가 고향에 돌아가는 중이었다.
기분 좋게 택시를 불러 탄 것까지는 좋았는데 목적지에 가까워질 무렵 호주머니를 살펴보니 돈이 한 푼도 없었다.
자칫 망신살을 당할 위기에 처한 그는 지금이 바로 자신의 기지를 발휘할 때라고 판단하며 운전기사에게 소리쳤다.
"아저씨! 담배 좀 사게 저기 담뱃가게 앞에서 잠깐만 세워 주세요! 그런데 아까 차 안에서 10만 원짜리 수표를 떨어뜨렸는데 어두워서 그런지 도무지 못 찾겠네요."
그러고선 급히 담뱃가게로 뛰어 들어갔다.
뒤돌아보니 택시는 쏜살같이 어둠 속으로 사라져가고 있었다.

이 정도의 재치면 세상 사는 데 어려움이 없겠죠? 인생은 어쩌면 위기의 연속일 수 있습니다. 이럴 때 망설이지 말고 김 대리처럼 재치를 발휘해 보세요. 대담한 그의 재치에 그만 운전사는 10만 원을 챙기겠다는 심보로 한 푼도 벌지 못하는 신세가 되었군요. 운전사가 혼자 빈 택시를 뒤지며 얼마나 분통을 터트렸을지 짐작이 갑니다. 키신저는 "위기의 시기에는 가장 대담한 방법이 때로는 가장 안전하다."고 말했습니다. 대담하게 행동해 보세요. 위기 속에는 늘 기회가 숨겨져 있으니까요.

위기 탈출하기

한 부부가 지하방 한 칸에서 살고 있었다. 이들에게는 어린아이가 하나 있었는데 부부가 사랑을 나눌 때면 늘 신경이 쓰였다. 밤일을 할 때면 아내는 성냥불을 켜서 아이가 잠들었는지 확인부터 해야 했다. 여느 때처럼 아내는 성냥불을 켜서 아이가 자고 있는지 확인했다. 그런데 너무 오래 들여다보는 바람에 그간 성냥 불똥이 아이 얼굴에 떨어지고 말았다. 그 순간 아이가 놀라며 하는 말.
"앗 뜨거워. 언젠가 진짜 이럴 줄 알았다니까!"

당신이 이런 상황에 처했다면 다음 날 아침 아이와 어떻게 대화할 것인가?
그냥 바쁘다며 아침을 먹지 않고 나간다.
시치미 뚝 떼고 그냥 밥만 꾸역꾸역 먹는다.
잠 안 자고 뭐 하는 놈이냐며 혼낸다.
이유 없이 용돈을 준다.
사실대로 말한다. 그러나 어떻게?
갑자기 아이를 칭찬한다.

그래도 여기까진 괜찮습니다. 만약 아이가 엄마, 아빠 밤중에 뭐하는 거냐며 따지면 어떻게 대답할 건가요? 리더십은 위기 속에서 빛납니다. 아이를 다리 밑에서 주워 왔다는 얘기는 전설이 되고 있습니다. 오히려 부모를 한 수 가르치려 드는 세대니 말이죠. 인터넷의 부작용 중에 하나가 어른 아이 할 것이 없이 성에 대한 개념을 바꾸어 놓았다는 것일 겁니다. 하지만 위의 부모는 여전히 20세기 발상을 갖고 있네요. 다음에는 제발 성냥불 대신 스마트폰을 켜 보길 권합니다.

P터지게 R려라

국어시간에 여자 선생님이 비유법에 대하여 설명했지만 아무도 이해를 못했다.
그래서 선생님은 이렇게 쉽게 설명했다.
"선생님은 장미꽃처럼 예쁘다! 이 같은 문장을 비유법이라고 한단다."
그러자 한 학생이 질문을 했다.
"선생님, 그것은 과장법 아닌가요?"

P터지게 R려야 살아남을 수 있는 세상입니다. 그저 가만히 앉아 있으면 누가 알아 주나요? 열릴 때까지 두드리세요. 그러면 반드시 열릴 것입니다. 하지만 두드리고 알린다고 길이 열리는 것은 아니지요. 위의 선생님처럼 자신감이 넘치고 강점이 있어야 합니다. 강점도 없이 문만 두드린다면 강도로 오해받을 수 있지요. 핵심 역량이 있어야 먹힌다는 것입니다. 어느 면접장에서 일어난 일입니다. 면접관이 응시생에게 물었습니다.
"당신의 강점을 말해 보시오."
그러자 그 응시생은 웃으며 자신 있게 말했습니다.
"어떤 상황에서도 유머를 잃지 않는 겁니다."
"그럼, 여기서 유머 하나만 해 보시오."
그러자 그는 면접을 기다리는 응시생을 향해 이렇게 말했습니다.
"여러분, 오늘 이 회사 직원 다 뽑았으니 돌아가 주세요."
그는 즉석에서 채용되었다고 합니다. 당신의 강점은 무엇입니까? 강점을 더 강하게 살려 보세요.

초음파 검사

산부인과를 개원한 한 남자의사가 쑥스러워서 어쩔 줄을 몰라 했다.
그러다 환자들을 편안하게 해 주기 위해 다양한 아이디어를 찾기에 분주했다.
어느 날 의사 앞에 서기를 부끄러워하는 환자를 대하게 되었는데, 초음파 검사를 한참 하는데 이 환자가 여간 부끄러움을 타는 게 아니었다.
순간 의사의 눈에는 그 환자가 입고 있는 셔츠가 눈에 들어왔다.
셔츠에는 방콕에서의 추억이라는 문구가 새겨져 있었다.
분위기를 전환시키기 위해서 의사는 환자에게 조용히 물었다.
"방콕은 언제 다녀오셨어요?"
그랬더니 환자는 놀라면서 물었다.
"초음파 검사에 그런 것도 나타나나요?"

　이 정도 유머가 넘치는 엄마 배 속에 있는 아이는 얼마나 행복할까요. 빨리 세상에 나오고 싶어 미치지 않기를 기도할 뿐입니다. 어떤 상황에서도 웃음과 유머를 잃지 않는 자세야말로 건강과 자신감의 표현입니다. 어느 여성이 비만으로 고생하다 혹시 무슨 병이 아닐까 걱정되어 병원에 갔습니다. 그 여성의 몸무게를 달아 본 의사도 깜짝 놀라는 것이었습니다. "너무 몸무게가 많이 나갑니다. 걱정되는군요. 가장 적게 나갈 때는 몇 킬로였죠?" 의사의 걱정스런 말에 여성은 웃으면서 이렇게 말했습니다. "3.3킬로요!" 그러즈- 병실은 웃음바다로 변했습니다. 거짓 웃음도 진짜 웃음만큼 인체에 미치는 효과가 똑같다고 합니다. 그러니 억지로라도 웃어 보세요. 돈이 드는 것도 아닌데.

니체와 누드 사이

어느 고등학교의 세계사 시험에 이런 문제가 출제되었다.
"신은 죽었다."고 외친 철학자의 이름을 쓰시오.
한 학생이 앞의 학생 답안지를 보니 니체라고 쓰여 있었다.
그는 재빨리 비슷하게 이렇게 썼다.
"나체."
그런데 그 뒤의 학생은 나체를 컨닝하고 나서 이렇게 비슷하게 고쳐 썼다.
"누드."

커닝을 경영학 용어로 풀이해 보면 벤치마킹이지요. 그러나 창의성 없이 그대로 베껴 적기만 했다면 그건 도둑질에 불과합니다. 남의 것을 창의적으로 모방할 때 벤치마킹했다고 할 수 있는 것이지요. 그런데 성공적으로 벤치마킹하기 위해서는 기술이 뒷받침되어야 합니다. 삼성이 초창기에 소니를 모방한 것은 모두들 아는 사실이지요. 그렇지만 삼성은 소니를 뛰어넘어 일류기업이 되었습니다. 그냥 모방만 한 것이 아니라 한 단계 더 업그레이드하여 창의적이고 혁신적으로 모방한 것입니다. 하늘 아래 완전히 새로운 것은 없다고 했습니다. 어떻게 더 좋게 하느냐가 핵심이지요.

상상력

영어 시간에 선생님이 칠판에 큼직하게 SALT라고 써 놓고 이것이 무엇이냐고 물었지만, 아는 학생이 하나도 없었다.
"아니, 바로 어제 배웠는데도 아는 사람이 하나도 없나?"
선생님이 야단을 치는 사이에 재빨리 공책을 뒤져보던 한 학생이 'salt: 소금'이라고 쓰여 있는 것을 보고 자신 있게 손을 들었다.
"선생님, 저요!"
"오, 그래! 대답해 봐."
"네, 굵은 소금입니다!"

"지식보다 상상이 중요하다."고 아인슈타인은 말했습니다. 요즘 우리 아이들에게 창의성이 부족하다고 야단들이죠. 하지만 창의성 교육의 시작은 상상력에 있습니다. 이것저것 마음껏 상상할 수 있는 교육 풍토가 우선이라는 거죠. 그런데 우리 사회는 이것저것 무조건 외우라고만 강요합니다. 과연 이런 풍토에서 자유로운 상상력이 나올 수 있을까 걱정입니다. salt는 작은 소금이고, SALT는 굵은 소금이라고 말하는 학생이 어른들이 만든 교육에 반기를 드는 것 같아 가슴 아픕니다.

IT 대신 ET

어느 초등학교 미술 시간에 있었던 일이다.
"오늘은 여러분이 그리고 싶은 것을 아무거나 자유롭게 그려 보세요."
선생님의 말이 떨어지기가 무섭게 아이들은 자유롭게 그림을 그렸다.
그런데 한 아이는 도화지 앞뒤를 검은색으로 도배하다시피 했다.
선생님은 화가 치밀어 아이를 쥐어박으며 야단쳤다.
"너는 왜 그림 안 그리고 장난치는 거야. 당장 아무거나 못 그려?"
그러자 그 아이는 울면서 이렇게 말했다.
"선생님, 전 지금 김 그리고 있는데요!"

어른의 잣대로만 아이들을 재려 들면 세상에 정상적인 아이는 없을 겁니다. 열심히 김을 그리는 아이를 매질하는 것과 다름이 없을 테니까요. 심리학자들은 창의성과 유머는 동의어라고 합니다. 천재 물리학자인 아인슈타인이 노벨상을 받으며 이렇게 말했다고 하지요. "지금까지 나를 키운 것은 유머였습니다." 그의 창의적인 두뇌는 유머에서도 노벨상 감이었나 봅니다. 이제는 IT(Information Technology)만이 아니라 ET(Emotional Technology), 즉 감성역량 개발에 박차를 가해야 합니다. 아이는 여기저기 검은색으로 장난한 것이 아니라, 김을 그리고 있다는 사실을 기억해야 합니다. 더 이상 어른의 잣대로 아이를 재단하는 일은 없어야 하지 않을까요.

희망

독방에 갇혀 있던 한 죄수가 비가 새는 것을 보고 웃으면서 이렇게 말했다.
"흠, 어딘가 분명히 빠져나갈 구멍이 있겠군!"

    오프라 윈프리는 "나는 미래를 바라보았다. 너무 눈이 부셔서 눈을 제대로 뜰 수가 없었다."고 고백했습니다. 우리는 무엇을 소유해서가 아니라 아름다운 꿈을 가질 수 있기에 미래가 희망으로 가득한 것입니다. 비록 독방에 갇혀 있지만 비가 새는 것을 희망의 끈으로 바라보는 죄수는 아름다운 미래를 설계하고 있는 것이지요. 어디에서 무슨 일을 하든지 꿈을 꾸십시오. 꿈이 죽으면 비로소 우리는 썩게 되는 겁니다. 처칠은 대학 졸업식에 초청되어 이렇게 인사말을 했습니다. "포기하지 마십시오. 포기하지 마십시오. 절대 포기하지 마십시오." 그렇습니다. 어떤 경우에도 포기하지 마십시오.

    포기가 있어야 할 곳은 한 곳밖에 없습니다. 배추밭입니다. 그럼 성공하는 사람에게는 어떤 공통점이 있을까요. 앤절라 더크워스는 자신의 저서 『그릿』에서 성공의 요인은 IQ나 환경, 재능이 아니라 그릿(Grit)이라고 주장합니다. 포기하지 않는 근성인 끈기가 성공한 사람들의 공통점이라는 그녀의 연구는 우리 모두 성공할 수 있는 자질이 있음을 보여 줍니다.

    수많은 실패를 거듭했지만 포기하지 않고 전구를 발명한 에디슨은 이런 말을 남겼죠. "나는 실패한 것이 아니라 또 한번 실험한 것이다."

위기 모면

어떤 사람이 콧노래를 부르며 신나게 운전하다 그만 경찰에게 과속으로 잡혔다.
경찰이 야릇한 미소를 지으며 한 마디 했다.
"당신이 올 줄 알고 아침부터 기다렸소."
그러자 운전자는 웃으며 이렇게 응수했다.
"너무 오래 기다리는 것 같아 빨리 달려왔습니다."

    이런 상황에서 재치와 배짱으로 맞짱 뜨는 운전자를 단속할 수 있을까요. 그야말로 여유와 대담함의 극치를 보는 것 같습니다. 한 번만 봐 달라고 애원했다면 오히려 더 큰 범칙금을 받았을 수도 있습니다. 일단 찔러 보고 아니면 재치로 설득하는 전략, 이것이 유머를 구사하는 사람들이 얻는 이점입니다. 그러니 무게 잡지 말고 유머를 잡으십시오. 유머가 천 가지의 해를 없애 줄 테니까요. "유머는 가장 강력한 커뮤니케이션 도구"라고 말콤 쿠슈너는 말합니다. 우장우해(寓莊于諧), 유머로 빗대어 말해 보세요. 아마 촌철살인(寸鐵殺人)의 효과를 거둘 것입니다.

    유머야말로 위기의 순간에 허를 찌릅니다. 그런데 어떤 사람들은 혀를 찔러서 더 큰 화를 불러오는 것을 종종 봅니다. 그래서 품격 있는 유머가 필요합니다. 우리가 유머지능을 개발해야 할 이유이죠.

참고문헌

강문호 엮음, 『탈무드의 고급 유머』, 서로사랑, 2005.
강진영 지음, 『트위터 유머』, 코리아닷컴, 2010.
고문부 지음, 『현대웃음백서』, 토마토북, 2006.
고정식 지음, 『웃기는 철학』, 넥서스, 2005.
기시미 이치로 지음, 이용택 옮김, 『행복해질 용기』, 더좋은책, 2015.
기시미 이치로, 고가 후미타케 지음, 전경아 옮김, 『미움받을 용기』, 인플루엔셜, 2014.
김계옥 지음, 『유머가 능력이다』, 스몰빅라이프, 2017.
김달국 지음, 『유머 사용설명서』, 새로운 제안, 2009.
김진배 지음, 『웃기는 리더가 성공한다』, 뜨인돌, 1999.
김진배 지음, 『유머가 인생을 바꾼다』, 다산북스, 2004.
김진배 지음, 『유머화술』, 무한, 2005.
김진범 지음, 『날더러 또 웃겨 달라고?』, 모아드림, 2011.
김진범 지음, 『날더러 웃겨 달라고?』, 모아드림, 2004.
김현룡 지음, 『조선왕조 500년 유머』, 자유문학사, 2003.
노만택 지음, 『건강이 샘솟는 웃음 성공을 부르는 웃음』, 보성출판사, 2001.
노만택 지음, 『웃음의 건강학』, 푸른솔, 2002.
레슬리 여키스 지음, 이혜경 옮김, 『펀 워크』, 푸른숲, 2006.
레오 버스카글리아 지음, 이은선 옮김, 『살며 사랑하며 배우며』, 홍익출판사, 2018.
로버트 오벤 지음, 김혜진 옮김, 『유머 사전: 비즈니스 스피치』, 미래지식, 2008.
로드 A. 마틴 지음, 신현정 옮김, 『유머심리학: 통합적 접근』, 박학사, 2008.
롤프 브레드니히 지음, 이동준 옮김, 『위트 상식사전』, 보누스, 2005
류종영 지음, 『웃음의 미학』, 유로서적, 2005.
류종영 지음, 『위트로 읽는 위트』, 유로서적, 2007.
릭 시걸, 대런 라크루와 지음, 김희진 옮김, 『펀 마케팅 전략』, 북라인, 2006.

마빈 토케이어 편저, 임유진 엮음, 『탈무드 유머』 미래문화사, 2008.

막시무스 지음, 『막시무스의 지구에서 인간으로 유쾌하게 사는 법』 갤리온, 2006.

미래건강사회연구소 지음, 『유머 세상은 유쾌하게 즐기는 사람의 것』 보성출판사, 2005.

미하이 칙센트미하이 지음, 이희재 옮김, 『몰입의 즐거움』 해냄, 2007.

민영욱 지음, 『성공하려면 유머와 위트로 무장하라』 가림출판사, 2008.

민현기, 박재준, 이상구 지음, 『성공한 리더는 유머로 말한다』 미래지식, 2011.

박기찬 지음, 『신나는 조직을 위한 펀 경영』 다밋, 2007.

박성재 지음, 『유머 있는 사람이 무조건 뜬다』 토파즈, 2007.

박영만 지음, 『유머 복음』 프리윌, 2008.

박우현 지음, 『논리를 모르면 웃을 수도 없다』 책세상, 2004.

박재희 지음, 『3분 고전』 작은씨앗, 2010.

밝은누리 영어연구팀 지음, 『유머가 영어 공부에 좋은 6가지 이유』 밝은누리, 1996.

밥 돌 지음, 김병찬 옮김, 『대통령의 위트』 아테네, 2007.

밥 로스 지음, 김광수 옮김, 『퍼니 비즈니스』 시아출판사, 2002.

빌 아들러 지음, 김민아 옮김, 『케네디 유머와 화술』 민중출판사, 2005.

성경준 지음, 『마크 트웨인의 유머 인생 그리고 사회』 동인, 2000.

송길원 지음, 『유머, 세상을 내편으로 만드는 힘』 청림출판, 2005.

송길원 지음, 『유머코드』 랜덤하우스, 2007.

신상훈 지음, 『유머 있는 사람과 일하고 싶다』 도어즈, 2015.

신상훈 지음, 『유머가 이긴다』 쌤앤파커스, 2010.

심진섭 지음, 『CEO가 알아야 할 유머의 기술』 21세기북스, 2008.

앤절라 더크워스 지음, 김미정 옮김, 『그릿』 비즈니스북스, 2016.

앨런 클라인 지음, 양영철 옮김, 『긍정의 유머 심리학』 경성라인, 2010.

에즈라 벤게르숌 지음, 이광일 옮김, 『문화사로 본 유대인의 유머』 들녘, 2005.

오카와 쓰쿠미치 지음, 최선임 옮김, 『유쾌한 목사님의 즐거운 유머』 지식 여행, 2009.

오혜열 지음, 『웃음에 희망을 걸다』 멘토, 2008.

요네하라 마리 지음, 김윤수 옮김, 『유머의 공식』 마음산책, 2013.
요네하라 마리 지음, 이현진 옮김, 『유머의 공식』 중앙북스, 2007.
요하네스 틸레, 마르코 페히너 지음, 『위트명언사전』 북로드, 2008.
용혜원 지음, 『성공을 부르는 웃음 유머』 나무생각, 2007.
웃음을 찾는 사람들 지음, 『성공을 위한 히트유머시리즈』 백양출판사, 2003.
유머동호회 지음, 『유머 충전소』 매월당, 2007.
유재화, 『유머로 재치있게 말하는 사람이 성공한다』 책이있는마을, 2009.
이상근 지음, 『명품 유머의 창조 비결』 매월당, 2006.
이상근 지음, 『성공하는 사람들의 유머 테크』 리앤북스, 2005.
이상준 지음, 『고품격 유머』 다산북스, 2005.
이석규, 한성일 지음, 『웃으면서 성공하기』 글누림, 2008.
이정환 지음, 『재치 있는 말 한마디가 인생을 바꾼다』 시아출판사, 2003.
임붕영 지음, 『유머 대화법: 1% 리더만 아는』 미래지식, 2011.
임붕영 지음, 『우리는 웃기는 리더를 존경한다』 다산북스, 2010.
임어당 지음, 김영수 옮김, 『유머와 인생』 아이필드, 2003.
임유진 지음, 『배꼽 빠지는 중국인 유머』 2004.
조관일 지음, 『이기는 유머, 끝내는 유머』 현문미디어, 2016.
조지 베일런트 지음, 이덕남 옮김, 『행복의 조건』 프런티어, 2010.
짐 콜린스 지음, 이무열 옮김, 『좋은 기업을 넘어 위대한 기업으로』 김영사, 2002.
최규상 지음, 『유머 긍정력』 작은씨앗, 2011.
최종선 지음, 『유머의 힘』 국일미디어, 2006.
토마스 플린트 지음, 박미숙 옮김, 『웃음의 마력』 정신세계원, 2003.
한광일 지음, 『펀경영 리더십』 미래북, 2007.
한국경제신문사 출판부 지음, 『유머인생』 1~6집, 한국경제신문사, 1996.
황정수 지음, 『비타민 유머』 미다스북스, 2006.
GB영어연구회 지음, 『유머영어』 황금두뇌, 2005.

KBS 유머공작소 지음, 『통통통 유머로 통하라!』, 티앤디플러스, 2007.

Doni Tamblin, 『Laugh and Learn』, AMACOM, 2003.

E. Henry Thripshaw, 『The Mammoth Book of Tasteless Jokes』, Running Press, 2010.

Emma Seppala, 『The happiness Track』, Harperone, 2017.

Shawn Achor, 『The happiness Advantage』, Virgin Books, 2010.

Stephen R. Covey, 『The 7 Habits of highly effective people』, Simon and Schuster Inc., 1990.